新一代人工智能 2030 全景科普丛书

智能金融

郭建鸾　黄东流　汤庆平　编著

科学技术文献出版社
·北京·

图书在版编目（CIP）数据

智能金融 / 郭建鸾，黄东流，汤庆平编著. —北京：科学技术文献出版社，2021.5

（新一代人工智能2030全景科普丛书/赵志耘总主编）

ISBN 978-7-5189-7877-9

Ⅰ.①智… Ⅱ.①郭… ②黄… ③汤… Ⅲ.①智能技术—应用—金融 Ⅳ.① F830.49

中国版本图书馆 CIP 数据核字（2021）第 080730 号

策划编辑：崔　静　责任编辑：王　培　责任校对：王瑞瑞　责任出版：张志平	

出　版　者	科学技术文献出版社
地　　　址	北京市复兴路15号　邮编　100038
编　务　部	（010）58882938，58882087（传真）
发　行　部	（010）58882868，58882870（传真）
邮　购　部	（010）58882873
官 方 网 址	www.stdp.com.cn
发　行　者	科学技术文献出版社发行　全国各地新华书店经销
印　刷　者	北京时尚印佳彩色印刷有限公司
版　　　次	2021年5月第1版　2021年5月第1次印刷
开　　　本	710×1000　1/16
字　　　数	179千
印　　　张	13.5
书　　　号	ISBN 978-7-5189-7877-9
定　　　价	58.00元

版权所有　违法必究

购买本社图书，凡字迹不清、缺页、倒页、脱页者，本社发行部负责调换

总　序

人工智能是指利用计算机模拟、延伸和扩展人的智能的理论、方法、技术及应用系统。人工智能虽然是计算机科学的一个分支，但它的研究跨越计算机科学、脑科学、神经生理学、认知科学、行为科学和数学，以及信息论、控制论和系统论等许多学科领域，具有高度交叉性。此外，人工智能又是一种基础性的技术，具有广泛渗透性。当前，以计算机视觉、机器学习、知识图谱、自然语言处理等为代表的人工智能技术已逐步应用到制造、金融、医疗、交通、安全、智慧城市等领域。未来随着技术不断迭代更新，人工智能应用场景将更为广泛，渗透到经济社会发展的方方面面。

人工智能的发展并非一帆风顺。自1956年在达特茅斯夏季人工智能研究会议上人工智能概念被首次提出以来，人工智能经历了20世纪50—60年代和80年代两次浪潮期，也经历过70年代和90年代两次沉寂期。近年来，随着数据爆发式的增长、计算能力的大幅提升及深度学习算法的发展和成熟，当前已经迎来了人工智能概念出现以来的第三个浪潮期。

人工智能是新一轮科技革命和产业变革的核心驱动力，将进一步释放历次科技革命和产业变革积蓄的巨大能量，并创造新的强大引擎，重构生产、分配、交换、消费等经济活动各环节，形成从宏观到微观各领域的智能化新需求，催生新技术、新产品、新产业、新业态、新模式。2018年麦肯锡发布的研究报告显示，到2030年，人工智能新增经济规模将达13万亿美元，其对全球经济增长的贡献可与其他变革性技术如蒸汽机相媲美。近年来，世界主要发达国家已经把发展人工智能作为提升其国家竞争力、维护国家安全的重要战略，并进行针对性布局，力图在新一轮国际科技竞争中掌握主导权。

德国2012年发布十项未来高科技战略计划，以"智能工厂"为重心的工业4.0是其中的重要计划之一，包括人工智能、工业机器人、物联网、云计算、大数据、3D打印等在内的技术得到大力支持。英国2013年将"机器人技术及自治化系统"列入了"八项伟大的科技"计划，宣布要力争成为第四次工业革命的全球领导者。美国2016年10月发布《为人工智能的未来做好准备》《国家人工智能研究与发展战略规划》两份报告，将人工智能上升到国家战略高度，为国家资助的人工智能研究和发展划定策略，确定了美国在人工智能领域的七项长期战略。日本2017年制定了人工智能产业化路线图，计划分3个阶段推进利用人工智能技术，大幅提高制造业、物流、医疗和护理行业效率。法国2018年3月公布人工智能发展战略，拟从人才培养、数据开放、资金扶持及伦理建设等方面入手，将法国打造成在人工智能研发方面的世界一流强国。欧盟委员会2018年4月发布《欧盟人工智能》报告，制订了欧盟人工智能行动计划，提出增强技术与产业能力，为迎接社会经济变革做好准备，确立合适的伦理和法律框架三大目标。

党的十八大以来，习近平总书记把创新摆在国家发展全局的核心位置，高度重视人工智能发展，多次谈及人工智能的重要性，为人工智能如何赋能新时代指明方向。2016年8月，国务院印发《"十三五"国家科技创新规划》，明确人工智能作为发展新一代信息技术的主要方向。2017年7月，国务院发布《新一代人工智能发展规划》，从基础研究、技术研发、应用推广、产业发展、基础设施体系建设等方面提出了六大重点任务，目标是到2030年使中国成为世界主要人工智能创新中心。截至2018年年底，全国超过20个省市发布了30余项人工智能的专项指导意见和扶持政策。

当前，我国人工智能正迎来史上最好的发展时期，技术创新日益活跃、产业规模逐步壮大、应用领域不断拓展。在技术研发方面，深度学习算法日益精进，智能芯片、语音识别、计算机视觉等部分领域走在世界前列。2017—2018年，中国在人工智能领域的专利总数连续两年超过了美国和日本。在产业发展方面，截至2018年上半年，国内人工智能企业总数达1040家，位居世界第二，在智能芯片、计算机视觉、自动驾驶等领域，涌现了寒武纪、旷视等一批独角兽企业。在应用领域方面，伴随着算法、算力的不断演进和提升，越来越多的产品和应用落地，比较典型的产品有语音交互类产品（如智能音箱、智能语音助理、智能车载系统等）、智能机器人、无人机、无人驾驶汽车等。人工智能的应用范围则更加广泛，目前已经在制造、医疗、金融、教育、安防、商业、智能家居等多个垂直领域得到应用。总体来说，目前我国在开发各种人工智能应用方面发展非常迅速，但在基础研究、原创成果、顶尖人才、技术生态、基础平台、标准规范等方面，距离世界领先水平还存在明显差距。

1956年，在美国达特茅斯会议上首次提出人工智能的概念时，互联网还没有诞生；今天，新一轮科技革命和产业变革方兴未艾，大数据、物联网、深度学习等词汇已为公众所熟知。未来，人工智能将对世界带来颠覆性的变化，它不再是科幻小说里令人惊叹的场景，也不再是新闻媒体上"耸人听闻"的头条，而是实实在在地来到我们身边：为我们处理高危险、高重复性和高精度的工作，为我们做饭、驾驶、看病，陪我们聊天，甚至帮助我们突破空间、表象、时间的局限，见所未见，赋予我们新的能力……

这一切，既让我们兴奋和充满期待，同时又有些担忧、不安乃至惶恐。就业替代、安全威胁、数据隐私、算法歧视……人工智能的发展和大规模应用也会带来一系列已知和未知的挑战。但不管怎样，人工智能的开始按钮已经按下，而且将永不停止。管理学大师彼得·德鲁克说："预测未来最好的方式就是创造未来。"别人等风来，我们造风起。只要我们不忘初心，为了人工智能终将创造的所有美好全力奔跑，相信在不远的未来，人工智能将不再是以太网中跃动的字节和CPU中孱弱的灵魂，它就在我们身边，就在我们眼前。"遇见你，便是遇见了美好。"

新一代人工智能2030全景科普丛书力图向我们展现30年后智能时代人类

生产生活的广阔画卷,它描绘了来自未来的智能农业、制造、能源、汽车、物流、交通、家居、教育、商务、金融、健康、安防、政务、法庭、环保等令人叹为观止的经济、社会场景,以及无所不在的智能机器人和触手可及的智能基础设施。同时,我们还能通过这套丛书了解人工智能发展所带来的法律法规、伦理规范的挑战及应对举措。

  本丛书能及时和广大读者、同人见面,应该说是集众人智慧。他们主要是本丛书作者、为本丛书提供研究成果资料的专家,以及许多业内人士。在此对他们的辛苦和付出一并表示衷心的感谢!最后,由于时间、精力有限,丛书中定有一些不当之处,敬请读者批评指正!

赵志耘

2019 年 8 月 29 日

前　言

人工智能不是一个新的概念，它诞生至今已有 60 多年的历史，在 60 多年的发展过程中经历了两起两落。自 2010 年以来，随着海量数据的积累、芯片技术的飞速发展及应用程序场景的爆发，人工智能迎来了发展的第三次浪潮。

随着人工智能渗透率的不断提升，其在全球经济发展中的影响力将逐步累积，世界主要国家均将人工智能作为战略选项，美国、中国、欧盟成员国、日本等国家和地区已出台战略规划。麦肯锡研究显示，2030 年人工智能可能为全球额外贡献 13 万亿美元的 GDP 增量，平均每年推动 GDP 增长 1.2 个百分点，足以比肩人类历史上前 3 次通用技术革命（蒸汽机、电气化和信息化）带来的影响。

中国"人工智能＋"战略轮廓正在形成，人工智能已经被定位为深化经济结构调整的重要抓手，"互联网＋"战略将向"人工智能＋"战略延伸。随着人工智能产业链的逐步完善，智能终端应用产品不断丰富，计算机视觉、自然语言处理、机器人等技术，正在与金融、安防、交通、医疗、教育等传统领域深入融合。

金融业诞生于人类社会的分工，并随着商业贸易的兴旺而繁荣。自 12 世纪出现银行业雏形，16 世纪中期出现股票（标志着证券业的开始），18 世纪出现保险业，金融业始终保持着创新精神，吸纳先进科技提升服务效率。随着计算机等信息技术的广泛应用，金融信息化开启，科技与金融业融合创新发展不断加速。

金融机构始终充当积极吸收先进科技，致力于提升服务效率的角色。尤其是20世纪60年代以来，随着计算机代替手工作业，金融业先后经历了从利用穿孔卡片辅助数据处理到使用计算机实现会计电算化，从借助大型计算机进行综合业务处理到利用互联网拓展新业务，金融机构一直是新兴技术的积极应用者。从这个意义上说，金融科技并非始于今天，而是早已有之。

风险管理是金融机构的核心竞争力，信息科技的创新应用让风险管理更加数字化、智能化。进入21世纪，数字科技广泛应用于社会各领域，一部手机就能让你感受到支付、购物、理财等生活中诸多细节的改变，而这些改变都归功于金融科技的发展与应用。尤其是随着移动互联网的普及，大数据、区块链和人工智能技术的突破，数字科技和金融业加速融合，促使传统金融生态、业态、服务模式等不断改变，进一步提升金融各个环节的附加值，重塑传统金融行业流程，提升金融业的服务效率，让金融机构可以用更低的成本去服务更多的实体企业与个人，真正实现普惠。

人工智能与金融业细分领域（如智慧银行、智慧保险等）、各业务场景（如智能风控、智能投顾、智能支付等）深度融合，助推智能金融全面、快速地发展。其不仅取决于以大数据、云计算、区块链和人工智能为代表的数字科技的支撑，还受金融行业大数据特性的影响。

金融领域天生具有数据属性，金融工具的涉及、用户行为的挖掘、风险的控制等各环节都是基于数据分析应用的。大数据技术的应用为智能金融服务提供生产资料，使得数据资产的价值充分显现。

数字孪生概念告诉我们，在数据可获得之后，现实物理世界的复杂关系可以通过计算实现未来场景的构造和优化，从大量消费者行为数据、关系数据中，挖掘出用户的真正需求。提供智能化服务是智能金融的终极目标，而这一目标的实现离不开算力的支持。以云计算为代表的算力是智能金融的生产力，计算能力直接决定了服务质量。

  区块链作为分布式数据存储、点对点传输、共识机制、加密算法等黑科技集成应用，在社会治理、公众事务、企业管理、金融交易等方面有多个结合场景。区块链技术具有分布式存储、不可篡改、共享维护等特征，可以为价值传递和交换提供可靠保障，在中心化及信用体系建立方面具有天然优势。除此之外，边缘计算、5G、物联网等新一代信息技术，共同引领并推动智能金融发展。

  从目前人工智能在金融领域的应用趋势来看，计算智能通过与大数据技术的结合应用，已经覆盖几乎所有的金融应用场景。在感知智能层面，以人脸识别和语音识别为代表的生物智能技术也已经在金融领域广泛应用，未来可以预见，其在金融领域的应用场景也将呈现快速增长态势。认知智能是当前人工智能技术领域最为前沿和火热的领域，引领了本轮人工智能技术的发展潮流。

  从应用领域来看，智能风控、智能投研和智能投资顾问等应用场景，是人工智能在金融行业应用最具潜力的领域，也是技术要求最高、应用难度最大的领域，在未来必将成为人工智能应用的核心方向。

目 录

第一篇　智能金融的矛和盾

第一章　智能金融与金融科技 / 002
第一节　智能金融的概念 / 002
第二节　智能金融的发展历程 / 007
第三节　智能金融行业发展格局 / 012

第二章　智能金融的应用场景 / 018
第一节　智能支付 / 019
第二节　智能客服 / 035
第三节　智能风控 / 047
第四节　智能投研 / 068
第五节　智能投顾 / 079

第三章　监管科技 / 094
第一节　监管科技发展现状 / 094
第二节　监管原则及实施机构 / 121

第二篇　智能金融的基础

第四章　智能金融的发展基础 / 128
- 第一节　大数据为智能金融提供生产资料 / 128
- 第二节　云计算为智能金融提供生产力保障 / 140
- 第三节　区块链技术构建新的信用机制 / 147
- 第四节　金融物联网建设为智能金融提供基础设施 / 154

第五章　智能金融的动因 / 161
- 第一节　信用社会对智能金融的需求 / 161
- 第二节　数字货币对智能金融的依赖 / 165
- 第三节　智能社会推动智能金融的需求 / 176

第六章　AI 助力金融服务转型 / 183

第三篇　展望未来

第七章　智能金融时代变革与发展 / 188
- 第一节　变革传统金融服务体系 / 188
- 第二节　变革金融行业利益分配方式 / 191
- 第三节　从场景金融向生态金融升级 / 193
- 第四节　智能金融是金融演化的一个高级阶段 / 194

第八章　智能金融面临的挑战 / 196

参考文献 / 201

···· 第一篇 ····

智能金融的矛和盾

第一章

智能金融与金融科技

第一节 智能金融的概念

1. 智能金融定义

智能金融是指人工智能技术与金融服务的全面融合,是以人工智能、大数据、云计算、区块链等技术为核心要素,全面赋能金融机构,实现金融服务的智能化、个性化和定制化。智能金融有助于提升金融机构的服务效率,拓展金融服务的广度和深度,为全社会提供平等、高效、专业的金融服务。

金融业是数据密集型行业,大数据、云计算、区块链等技术的广泛应用,为智能金融的发展奠定了良好的基础。在数字科技的推动下,金融创新日新月异,新概念层出不穷,人工智能与金融业务的结合,迸发出巨大的创新动力,催生出众多应用场景,如智能获客、智能投顾、智能营销、智能风控等。

然而,智能金融与金融科技到底是什么关系?尤其是在金融科技快速发展的今天,我们有必要向大家解释清楚这些概念的本质及差异。与智能金融容易混淆的概念有金融科技、互联网金融等,三者之间既有区别,又有联系。

(1)金融科技

金融科技(FinTech,financial technology 的缩写)通常被界定为金融和科技的融合，就是把数字科技应用到金融领域，通过技术工具的变革推动金融体系的创新。

全球金融稳定委员会（FSB）定义金融科技为金融与科技相互融合，创造新的业务模式、新的应用、新的流程和新的产品，从而对金融市场、金融机构、金融服务的提供方式形成非常大的影响。

随着数字科技在金融领域的广泛应用，金融科技的外延囊括了在支付清算、电子货币、网络借贷、智能投顾、智能合同等金融场景中应用的大数据、区块链、云计算、人工智能等技术，这些技术正在对银行、保险、证券等细分领域的核心功能产生影响。

（2）互联网金融

互联网金融（ITFIN，internet finance 的缩写）是指传统金融机构与互联网企业利用互联网技术和信息通信技术实现资金融通、支付、投资和信息中介服务的新型金融业务模式。互联网金融不是互联网和金融业的简单结合，而是在实现安全、移动等网络技术水平的基础上，自然而然为适应新的需求而产生的新模式及新业务，是传统金融行业与互联网技术相结合的新兴领域。

互联网金融对传统金融产品、业务、组织和服务等方面产生深刻的影响。依托大数据和云计算等技术在互联网平台上形成的功能化金融业态及其服务体系，包括基于网络平台的金融市场体系、金融服务体系、金融组织体系、金融产品体系及互联网金融监管体系等，具有普惠金融、平台金融、信息金融和碎片金融等区别于传统金融服务的新模式。

从上述定义可以看出，互联网金融和智能金融概念的落脚点是"金融"，是指特定的金融服务。而金融科技的落脚点是"技术"，是指应用于金融领域并能提升效率，产生融合创新效应的技术。

从技术层面而言，金融科技包含的技术最多，包括人工智能、互联网技术、分布式技术等。互联网金融主要应用的是互联网技术，而智能金融强调人工智能技术在金融业态的融合发展。

从金融科技的发展历程来看，智能金融是金融科技发展的阶段性特征，是对传统金融服务场景的升级，如智能获客、身份识别、智能风控、智能投顾、智能客服等。

2. 智能金融和传统金融的区别

虽然智能金融和传统金融在本质上都是推动资金的有序流动，但是智能金融并不是传统金融信息化的升级，也不是传统金融的网络化。事实上，智能金融彻底改变了传统金融的服务主体、服务方式、服务状态和服务动力，与传统金融有显著区别（表1-1）。

表1-1 智能金融与传统金融对比

区别	传统金融	智能金融
服务主体	金融机构与用户一对一	金融机构与用户多对一
	各自为战，竞争多于合作	形成共同体，互联互通，分工协作
	每个金融机构独立完成所有业务活动	各节点提供专业化服务，所有节点形成一站式服务包
服务方式	银行主导金融体系	用户主导金融体系
	银行贷款融资模式较单一	银行贷款、租赁、证券市场等融资模式更完善
服务状态	信息获取渠道不畅，信息感知和分析能力滞后	信息流、信用流、任务流和资金流不断流动
	阶梯式发展	连续式发展
	一段时间内相对静态	不断进行动态调整
服务动力	发展是他组织的过程	发展是自组织的过程
	政府的行政指令	系统内部各主体之间的竞争和协同

（1）服务主体不同

在传统金融服务过程中，金融机构与用户形成一对一的服务关系，银行、保险、证券及中介服务机构等，凭借自身建设的网点、网站，分别为客户提供金融服务。各家金融机构及中介服务机构各自为战，竞争多于合作。每家金融机构，甚至是同一家金融机构的不同网点之间都独立完成主要的营销活动，包括寻找用户、制定营销组合、售后服务等。

而在智能金融体系下，金融服务的形式呈现多对一的服务关系，即多个金融机构通过合作连接在一起，形成一个共同体，各尽所长，形成一个完善的产品，共同服务同一个用户。

金融机构之间及金融机构与用户之间依托开放的服务平台，互联互通，相互交换信息，形成紧密的分工和协作关系。而每个金融机构都只是服务链条的一个节点，按照服务分工，充分发挥自身优势，为用户提供专业化的服务。从单打独斗到强强联合，将各自的专业化服务汇集到一起，形成完整的一站式服务包，作为一个整体呈现给用户。

（2）服务方式不同

现阶段，在传统金融服务模式下，银行在客户服务关系中处于支配地位，起到主导作用。在我国多层次资本市场体系不完善的情况下，企业融资渠道少，企业日常运营、提升技术、开拓市场等所需资金得不到满足，中小企业更是面临融资困难的局面。银行是当前企业融资的主要来源，形成所谓的银行主导型金融体系，导致银行的资金成为各方争抢的稀缺资源，供不应求。

在智能金融阶段，用户跃升为整个金融服务链条的核心，形成用户主导型的金融服务体系。在智能金融阶段，全社会的信息透明度更高，资本市场更发达，银行贷款、租赁、证券市场等融资模式更加完善。那些盈利能力强、信用记录好的企业更容易受到金融机构的青睐，成为金融机构抢夺的目标客户。为了提高竞争能力，金融机构会联合其他机构，进行产品和服务的创新，提高服务质量，开拓更广泛的市场。

（3）服务状态不同

在传统金融体系下，由于信息获取渠道不畅，信息感知和分析能力滞后，金融体系的每一次决策和行动后，都会保持一段时间的相对稳定，直到信息积累到一定程度，才会被应用于决策，推动金融体系采取下一步行动。

而在智能金融体系内，不断流动着信息流、信用流、任务流和资金流，整个系统处在动态的变化过程中。用户在变化、合作伙伴在变化、其他金融主体在变化、环境在变化，这一切的变化都会被金融主体即时地感知和分析，并不断调整自己的策略和行动，以适应外界的变化。这些变化永不停止，驱动整个金融体系保持相对稳定性和动态演化。

（4）服务动力不同

在传统金融体系下，政府在制定金融规则和改变规则过程中，发挥更大的主动权，甚至超过了银行等金融机构和市场本身的驱动力。政府是规则的制定者和变革者，金融机构是实现经济、金融目标的桥梁。金融机构在政府制定的规则框架下运行，既是金融演进过程中的受益者，也是金融风险的主要承担者。

而智能金融体系的形成和演化则是一个自组织过程，金融机构主体通过不断感知外界信息，自发地、自主地向调整演化方向加速，从而提高服务效率，降低金融风险。在这个过程中，体系内的主体通过竞争和协同，在信息和利益不断交换中彼此约束，协同耦合，从而保持整个体系的有序运行。智能金融体系下的发展动力是系统内部各主体之间的竞争和协同，而不是政府的行政指令。

智能金融与传统金融有着本质差别，启示我们在智能金融建设过程中，要尊重智能金融发展的规律性，科学规划，充分发挥金融主体的积极性和创造力。

3. 智能金融的特征

除了与传统金融在服务主体、服务方式、服务状态及服务动力等4个方面表现不同之外，智能金融具有海量数据感知分析、智能化决策服务、全方位互联互通、协作化社会分工等特征。

（1）海量数据感知分析

Web2.0时代，社交网络和移动互联网技术蓬勃发展，催生网络空间出现了海量数据。海量数据的感知和分析是智能金融决策的基础。一方面，金融物联网的发展，使得利用任何随时随地感知、测量、捕获和传递信息的设备、系统或流程成为可能，从而实现海量数据感知；另一方面，分析海量数据，寻求其规律性，可以把握用户的态度、需求、习惯行为和发展趋势，从而能够制定高效、有针对性的服务和营销战略。

(2) 智能化决策服务

在海量数据感知分析的基础上，制定精细、高效、可行的金融服务方案，包括市场定位、用户划分、产品规划、价格策略、广告策划、促销手段、合作伙伴等各方面决策，使金融服务机构能够在恰当的时机、以恰当的方式，为客户提供及时、多样、便捷的服务，以增强竞争优势、抢占市场先机。

(3) 全方位互联互通

互联互通是指在客户、金融主体、第三方服务机构、环境等不同系统节点之间建立全方位的有效连接，实现信息的畅通传播和协调合作。全方位互联互通有利于金融系统节点间的信息共享，完善合作方式，增强协调和快速反应能力，形成行之有效的应对策略。

(4) 协作化社会分工

面对当今用户地域分散，需求个性化、多样化的社会环境，如果金融主体要保证对所有用户的高质量服务，就必然要实现协作化社会分工。协作化社会分工采用资源共享和优势互补的方法，能够降低生产成本，分散投资风险，有利于产品和服务质量的提高。同时，协作化社会分工也能够促进各金融主体根据不同用户的个性化需求，发展特色化专长，促进竞争和创新，保证整个分工协作链条的利润最大化。

第二节　智能金融的发展历程

受益于计算能力提升、算法重大突破及海量数据可获取等利好因素的影响，2017年以来，智能金融进入爆发期，人工智能与金融服务场景深度融合，迸发出大量智能金融应用场景，如智能获客、身份识别、大数据风控、智能投顾、智能客服等。

　　智能金融的出现并非偶然，回顾金融科技和人工智能发展历史可以发现，智能金融是金融科技发展的阶段性产物，且随着新的数字科技在金融领域的应用创新，新的金融科技阶段会不断出现。

　　回顾金融科技和人工智能的演变路径，金融科技和人工智能分别经历了3个发展阶段，在前两个发展阶段金融科技与人工智能沿着各自的技术路径独自发展，2010年以后，人工智能与金融业加速融合，推动金融智能化发展，如图1-1所示。

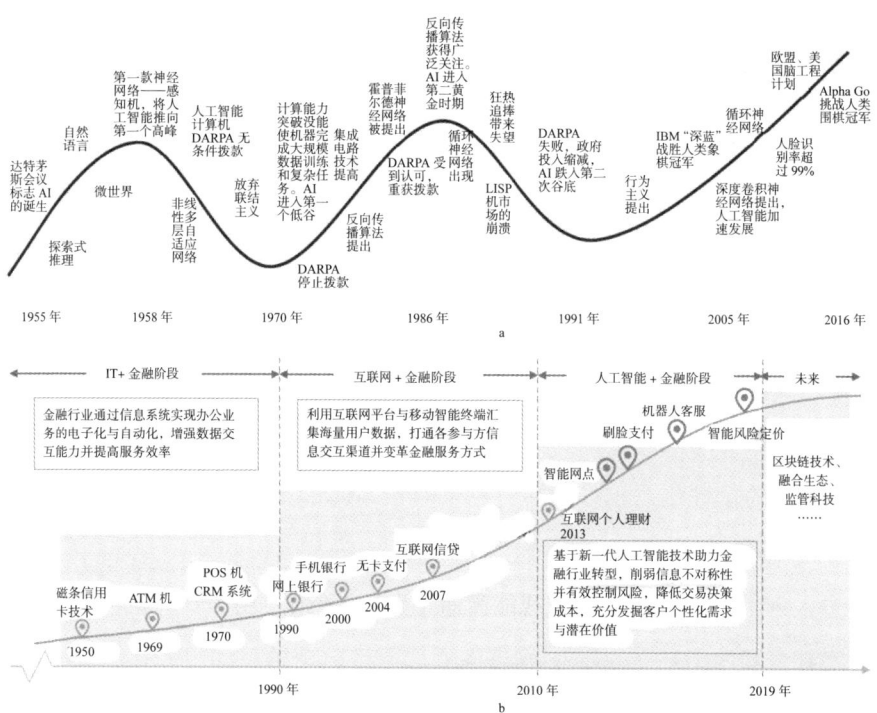

图1-1　科技赋能金融业的发展历程

(1) 金融科技 1.0 阶段

金融科技先后经历了电子化、互联网化及智能化等发展阶段。电子化阶段实现了所有的业务从人工逐步向电子化转变；互联网化阶段实现了线下业务线上化，大大提升了服务效率；而在智能化阶段，云计算、大数据、人工智能、区块链等新技术对整个金融体系将产生非常深远的影响。

金融科技 1.0 阶段，又称为金融电子化阶段，时间跨度为 1950—1990 年。金融行业通过传统 IT 软硬件的应用实现办公和业务的电子化，从而提高业务效率。金融电子化升级主要由金融机构发起和主导，以金融电子化和信息化为主要特征，科技企业一般扮演技术服务或解决方案提供商角色，通常并没有直接参与金融公司的业务环节，IT 系统在金融体系内部是一个很典型的成本部门，银行核心系统、信贷系统、清算系统等是这个阶段的代表。

人工智能在此期间先后经历了萌芽、发展和低谷等多个阶段。1956 年夏，达特茅斯学院助教约翰·麦卡锡、哈佛大学马文明斯基、贝尔电话实验室克劳德·香农、IBM 公司信息研究中心纳撒尼尔·罗切斯特、卡内基梅隆大学艾伦·纽厄尔和赫伯特·西蒙等先驱在美国达特茅斯学院进行了为期两个月的学术研讨，从不同学科的角度探讨用机器模拟人类智能等问题，并首次提出了人工智能的概念，这标志着人工智能学科的诞生。

在达特茅斯会议之后的几年是人工智能的萌芽和发展期，从 20 世纪 50 年代后期到 60 年代初期涌现了大批人工智能的研究方向，科学家们对人工智能的未来信心满满。

进入 20 世纪 60 年代，人工智能遭遇了发展"瓶颈"。由于计算机性能的"瓶颈"和人工智能模型算法的效果不好等问题，诸多前期乐观的想法并没有得到很好的实现，如机器翻译、定理证明等。向人工智能提供资助的机构（如英国政府、美国国防部高级研究计划局和美国研究委员会）对无前景的人工智能研究逐渐停止了资助，人工智能进入长达近 10 年的低谷期。

1970—1987 年，人工智能迎来第二次大发展。以"专家系统"为代表的人工智能系统开始被全世界的公司所采纳，知识库系统和知识工程成为20世纪80年代人工智能的主要方向。"专家系统"能够依据知识推演逻辑规则在某特定领域回答或解决问题，它能够较为容易地编程实现，并具有较好的实用性。1981年，日本经济产业省拨款8.5亿美元支持第五代计算机项目，目标是制造出能够与人交流、翻译语言、解释图像，并且能够像人一样推理的机器。随后，英国、美国也纷纷响应，又开始向人工智能领域的研究投入大量资金。

1987—1994年，人工智能进入第二次低谷期。源于苹果和IBM生产的台式机性能的不断提升，到1987年时其性能已经超过了此前投入市场的人工智能机器Lisp，业界对人工智能硬件产品的需求突然下降。到20世纪80年代后期，美国战略计算促进会大幅消减对人工智能的经费资助。截至1991年，日本宏伟的"第五代计算机项目"并没有达到预期的效果。这些事实让人们从对"专家系统"的狂热追捧逐步走向失望，人工智能研究再次遭遇低谷。

在此期间，人工智能和金融科技的相关技术按照各自的技术路径演变，计算机在金融领域快速应用，为后续信息技术与金融领域的融合发展奠定了基础。

（2）金融科技2.0阶段

金融科技2.0阶段，又称为互联网金融阶段，时间跨度为1990—2010年。通过在线业务平台的搭建，金融业利用互联网或者移动终端的渠道汇集海量的用户和信息，实现金融业务中资产端、交易端、支付端、资金端的任意组合的互联互通。互联网金融的本质是对传统金融渠道的变革，实现信息共享和业务融合，其中最具代表性的包括互联网的基金销售、P2P网络借贷、互联网保险等。

人工智能经历过前两轮的快速发展和低谷之后，1994年开始复苏，并在随后的15年里获得稳步发展。1997年5月，IBM研发的计算机"深蓝"战胜了国际象棋冠军卡斯帕罗夫；2005年，斯坦福开发的一台机器人在一条沙漠小径上成功地自动驾驶了131英里（约210千米），赢得了美国国防部高级研究计划局挑战大赛头奖；2008年11月IBM提出"智慧地球"概念，数字化、网络化和智能化被公认为是未来社会发展的大趋势，而与"智慧地球"密切相关的物联网、云计算等，更是被科技发达国家定位为本国发展战略的重点。自2009年以来，美国、日本、韩国和欧盟国家等纷纷推出本国物联网、云计算相关产业的发展战略。

以互联网为代表的信息科技，如大数据、云计算、区块链及物联网等的飞速发展和应用，为"人工智能+"的发展提供了基础。

(3) 金融科技3.0阶段

金融科技3.0阶段，又称为智能金融阶段。2010年以后，随着海量数据的积累、芯片技术的日新月异及人工智能算法的不断优化，人工智能进入爆发式发展期。得益于互联网、社交媒体、移动设备和廉价的传感器的发展，这个时间产生的数据量呈指数型增长，海量数据为模型算法的训练提供充足的生产资料。

在此阶段，金融业通过大数据、云计算、人工智能、区块链这些新的IT技术来改变传统的金融信息采集来源、风险定价模型、投资决策过程、信用中介角色，可以大幅提升传统金融的效率，解决传统金融的痛点，代表技术就是大数据征信、智能投顾、供应链金融。

作为金融科技发展的新阶段，智能金融阶段表现出新的特征，如自我学习的智能技术、数据闭环的生态合作、技术驱动的商业创新及单客专享的产品服务等。

人工智能将实现"感知—认知—自主决策—自我学习"的实时正循环。人工智能可以更灵活地自主学习和管理知识，支持知识的"产生—存储—应用—优化"的体系化管理，更准确地提前感知外界环境动态变化，理解用户需求，做出判断和决策。

基于海量的客户信息数据、精细的产品模型和实时反馈的决策引擎，每一个客户的个性数据将被全面捕获并一一反映到产品配参和定价中。所有的产品不再是为了"某些"客户提前设计，而是针对"某个"客户实时设计得出，实现产品服务的终极个性化。

第三节 智能金融行业发展格局

2009年是我国智能金融发展的分水岭。在此之前，每年出现的智能金融创业公司数量较少，从2009年开始，智能金融创业公司数量迅速增长，并于2014—2015年达到顶峰，两年内新成立的创业公司达72家（图1-2）。

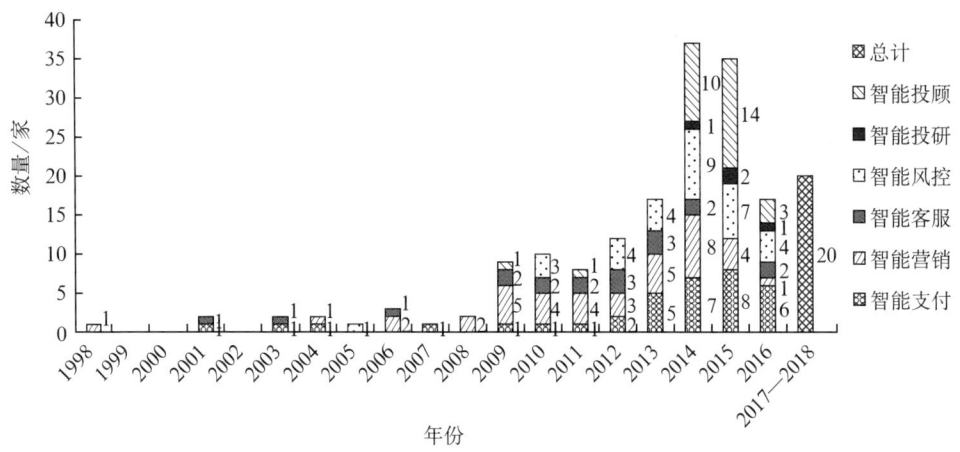

图1-2 中国智能金融创业公司成立时间分布

（资料来源：亿欧智库、毕马威中国）

新成立的创业公司主要以智能支付、智能投研、智能投顾等较新的金融场景为主，而基于原有业态基础上进行技术更新的服务，如智能营销、智能客服等则成立时间较早。

据毕马威发布的《中国领先金融科技50企业报告》显示，截至2018年年底，中国领先的50家金融科技公司中，各专业细分领域公司数量最多的是大数据与金融智能类公司，共22家，而区块链技术类公司只有2家。

金融科技是典型的知识密集型领域，汇聚了信息科技和金融两大行业的高端人才。北上广深等一线城市在科技和金融人才的培养、聚集和储备上有着较大的优势，因此57家领先的金融科技公司大多集中在这些地区（表1-2）。

表 1-2 TOP 57 智能金融公司地域分布

序号	地区	公司数量／家
1	上海	20
2	北京	18
3	广州、深圳	13
4	杭州	3
5	苏州	1
6	长沙	1
7	重庆	1

上海是中国的商业和金融中心，金融资源整合能力和创新管理能力较强，也是智能金融公司最多的城市；北京是金融机构管理总部和金融监管总部所在地，拥有全国顶尖的大学和科研单位，以中关村为代表的全国科技创新中心建设催生了一大批优秀的企业，使得北京在金融科技领域的发展具有得天独厚的优势；广州与深圳是我国改革开放的前沿地区，具备创新基因，有丰富的人才和技术资源支撑金融科技的发展，因此智能金融企业数量也较多；杭州智能金融企业虽然只有3家，但是杭州政府对"互联网＋"产业高度重视，拥有全国1/3的互联网企业，诞生了以蚂蚁金服为代表的金融科技头部公司，行业发展优势强劲。除此之外，其他地区纷纷出台金融科技发展政策，促进本地金融科技创新发展。

长期以来，受置于技术发展的"瓶颈"，金融领域的诸多痛点难以彻底解决。以人工智能为代表的数字科技给金融服务创新发展带来新的实现路径，促使科技与金融的深度融合发展，使得许多痛点得以突破性解决。例如，以大数据技术为支持，通过对用户行为进行多维度分析，描绘出客户画像，助推精准营销服务；通过应用自然语言处理技术，实现对繁复文件的精简和浓缩；结合知识图谱技术的应用，可视化地展现多个元素间的关系和动态发展规律，如服务于个人／对公领域的征信工作的开展，为学科研究提供切实、有价值的参考；结合生物识别技术,交叉验证用户信息真实性,防止盗用身份套取资金等欺诈行为;此外,机器／深度学习技术的配合使用,实现了复杂数据环境下对异常交易行为的识别等。

在智能金融经常涉及的10多个技术领域中,大数据技术的研发和机器／深度学习的应用较为普遍,而云计算技术经过2018年的快速发展,应用创新也越来越普遍(图1-3)。

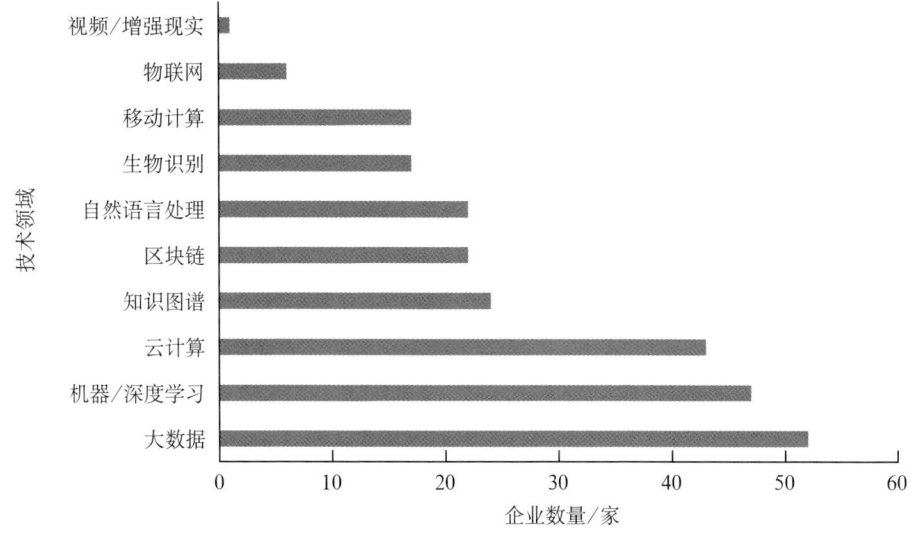

图1-3 智能金融企业核心技术要素分布

(资料来源:毕马威中国)

相较于传统金融机构,金融科技公司本身难以从传统渠道获得融资,大部分都依赖私募股权和创投基金"输血"。一旦市场流动性趋紧,投资机构的"造血"(募资)功能出现问题,金融科技公司的生存也将遇到威胁。近年来,随着监管环境的变化和传统金融机构的回应,它们又改变策略,纷纷转而提供技术服务。然而,大部分的金融科技公司重技术、轻管理,业务模式和技术同质化严重,应用场景不够清晰,导致发展面临"瓶颈"。

随着人工智能软硬件的突破,智能金融行业受到风险资本的热情关注,投融资金额和交易次数持续增加,2018 年达到高峰,交易金额达 1200 亿元。受当前经济周期等多种因素影响,2019 年增速有所放缓,2019 年上半年风险资本对智能金融公司投融资活动交易次数和交易金额未达到 2018 年的一半,预估投融资的热度会随着经济周期的变化而出现增加(图 1-4)。

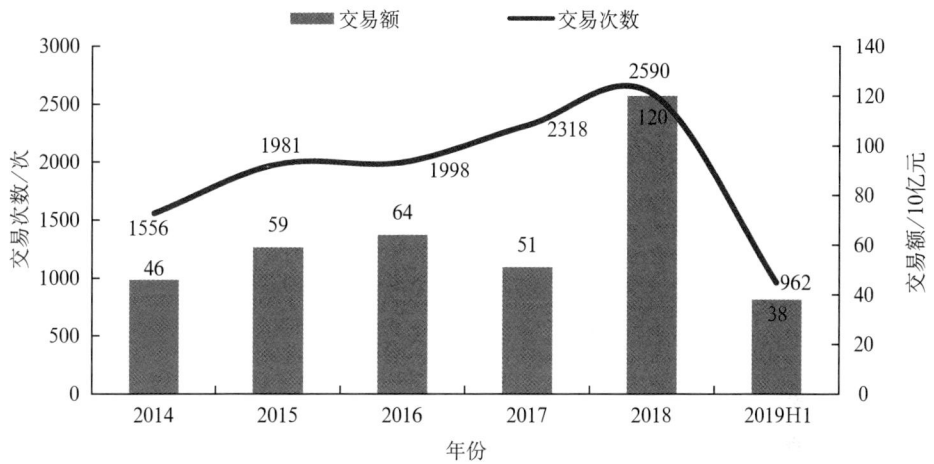

图 1-4 全球金融科技投融资活动(VC、PE、M&A)

(资料来源:亿欧智库。注:VC 表示风险投资;PE 表示股权投资;M&A 表示收并购;H1 表示第一季度)

在投融资热度出现下降的情况下,智能金融细分领域出现分化。在监管政策持续加码,公众理财需求多样化、高要求等因素的影响下,智能风控和智能投顾受到风险资金的关注,占据一半以上的轮次比重。智能投研、智能营销等领域紧随其后,智能理赔由于市场格局已相对成熟,融资轮次较少(图 1-5)。

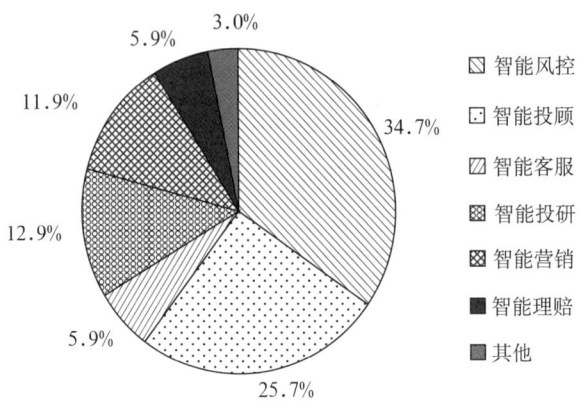

图 1-5　2018 中国智能金融行业企业类型分布

(资料来源：亿欧智库)

在 2018 年前三季度亿元以上的融资事件中，蚂蚁金服、度小满金融、京东金融、金融壹账通的融资额均在 10 亿元以上，头部企业凭借资本优势主导未来智能金融行业的市场格局。

IPO（首次公开募股）是一级资本市场投资行为的必然结果，大量的风险资本通过 IPO 退出。2017—2018 年，我国科技公司迎来了一波上市热潮。据公开资料不完全统计，截至 2018 年 7 月，已有 14 家金融科技公司在境外证券市场首次公开发售，融资规模接近 50 亿美元。单家公司的融资额 600 万～17.43 亿美元不等（表 1-3）。

表 1-3　主要金融科技上市公司一览

金融科技公司	业务领域	上市日期	上市地点	融资规模/亿美元
宜人贷	信用贷款与出借咨询	2015 年 12 月 18 日	美国	0.75
信而富	消费信贷服务	2017 年 4 月 28 日	美国	0.60
圣盈信	商业支付、投融资咨询、贷款撮合	2017 年 8 月 8 日	美国	0.20
众安保险	互联网保险	2017 年 9 月 28 日	中国香港	17.43
趣店	实物分期、现金分期	2017 年 10 月 18 日	美国	9.00

续表

金融科技公司	业务领域	上市日期	上市地点	融资规模/亿美元
和信贷	P2P 网贷投资理财	2017 年 11 月 3 日	美国	0.50
拍拍贷	信用借款与优质投资	2017 年 11 月 10 日	美国	2.21
融 360	金融产品搜索平台	2017 年 11 月 16 日	美国	1.80
易鑫集团	汽车交易平台、汽车融资	2017 年 11 月 16 日	中国香港	8.62
乐信集团	金融科技平台	2017 年 12 月 21 日	美国	1.08
点牛金融	互联网金融信息服务	2018 年 3 月 20 日	美国	0.06
汇付天下	第三方支付	2018 年 6 月 15 日	中国香港	2.15
维信金科	线上消费金融	2018 年 6 月 21 日	中国香港	1.84
51 信用卡	个人信用管理、信用卡科技服务、借贷撮合及投资	2018 年 7 月 13 日	中国香港	1.37
合计				47.61

资料来源：根据公开资料整理。

注：为方便比较，香港上市的融资规模已按汇率折算成美元。

截至 2018 年 7 月，前往美国上市的金融科技公司有 9 家，在香港上市的有 5 家，尚未有国内 A 股市场的上市案例。各家公司上市地点的选择，主要取决于其投资人的偏好、筹备上市时的市场环境、公司的估值等因素，因此最终结果各不相同。随着我国科创板的上市，对创新企业的包容性更强，未来会有更多智能金融科技公司可以选择国内科创板上市，从而获得快速发展所需的资金。

第二章

智能金融的应用场景

人工智能等技术在金融服务场景中的应用,在解决金融服务痛点的同时,带来了金融机构的服务流程和商业模式改变,产生了大量的创新与变革。

按照金融机构前台、中台和后台业务模块分类,目前智能金融主要应用场景有智能支付、智能客服、智能营销、智能风控、智能投顾、智能投研及智能数据等(图2-1)。

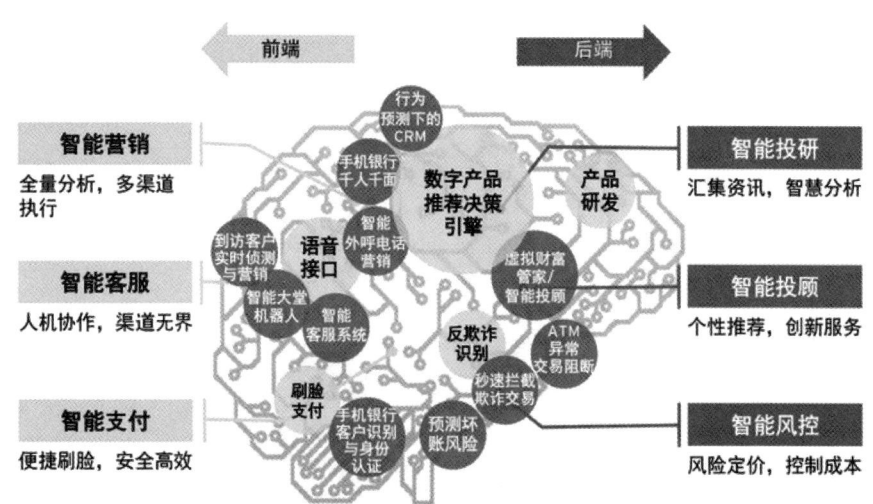

图 2-1 智能金融的应用场景

从应用场景来看，基于人工智能技术的智能风控、智能投顾、智能支付等智能解决方案，可以对银行、证券、保险等金融服务模式进行优化。而智能客服、智能营销、人工智能与智能数据等，则可以改变甚至重塑金融机构运营方式。通过智能化改造升级，智能金融服务涵盖整个金融产业链，从资金获取、资金生成、资金对接到场景金融服务，智能金融可以嵌入到各节点具体的流程服务当中。

为了更好地帮助大家了解智能金融的本质，本章对当前应用较多，如智能支付、智能客服及智能风控，以及未来会大力发展的应用场景，如智能投研、智能投顾等进行逐一介绍。

第一节 智能支付

自金融概念诞生以来，支付就已经存在于人们生活中。人工智能给支付清结算服务商带来了巨大的变革，主要体现在人工智能正逐步取代重复性的工作，不断减少人工干预环节，促进支付清结算服务企业由"劳动密集型"的协作团队向"知识密集型"的智慧企业转变。

1. 智能支付的现状

在"金融科技"迅速兴起的大背景下，国内银行机构和非银行支付机构纷纷开始人工智能新尝试。逐渐采用人工智能等高科技重塑支付行业，沿着降低成本和提升效率两条主线，实现金融服务的智能化、个性化、定制化。同时，不断完善平台功能，挖掘出新颖的、更加便捷、更加优惠的支付功能，在获客、风控、定价等方面实现战略布局，获取市场竞争力。

平安银行通过手机银行首创"智能语音"支付功能，客户可以自动判断收款人的相关信息和交易过程中的金额信息，实现"语音支付""语音取现"等操作。同时，平安银行尝试将生物识别技术引入支付领域，利用手指静脉识别技术，引入"智能钱柜"，实现系统记账与出纳分离的现金自动处理模式。交通银行研发出全国金融领域第一款真正"能听会说、能思考、会判断"的智能理财机器人,能够为客户提供专业金融服务,帮助客户实现预支付操作等。北京银行积极探索人脸识别技术在支付流程中的应用,将人脸识别技术创新性地融入到柜台对客户身份的认证操作中,提升柜台业务效率。浙商银行首推ATM"刷脸"取款,进一步优化了用户在自助设备取款的流程。

此外,非银行支付机构也加快人工智能和支付的融合,支付宝利用人脸识别技术,完成支付流程的身份认证工作;同时,支付宝、财付通等支付机构推出"无感支付",将车牌识别与移动支付相结合的技术应用,只要在支付宝上进行车牌绑定,就可以直接授权支付。此外,支付宝利用人工智能技术可以对转账行为进行评估,以判断是否有诈骗风险。

与我国第三方支付的快速发展不同,国外支付业务主要由银行等金融机构提供。近几年,人工智能开始进入全球银行系统,在支付领域被广泛使用。如印度的CICI银行、HDFC银行在不同的经营领域内逐步引入人工智能技术,进行反洗钱、流动性和支付交易管理等。新加坡星展银行首创的纯数字银行Digibank,开创了生物识别技术和人工智能整合等先进技术的创新支付银行革命。

意大利的Euklid公司专注银行业务服务,利用人工智能技术,尝试实现用户支付体验及自动化运营。摩根大通也将人工智能技术融入到投行业务中,通过人工智能进行股票交易及结算。德国和以色列合作的Fraugster公司以人工智能为基础,开展支付欺诈探测,准确地预测欺诈行为。俄罗斯Yandex公司利用深度学习计算技术,对安全及恶意的网站进行学习分类,保障网络支付安全。格兰皇家银行旗下的Natwest银行则在苹果手机应用中引入通过人脸识别登录该行手机银行APP的功能。

2. 智能支付发展历程

支付是商业社会不可或缺的环节,随着数字科技的应用,支付方式出现大量的创新,如扫码支付、刷脸支付等。在第三方支付机构出现之前,并没有第一方支付和第二方支付的概念。

追根溯源，第一方支付是指货币现金支付，是指以法定货币支付商品的交易；第二方支付是指依托于银行的支付，如银行汇票、银行卡支付等。

在实际使用过程中，货币现金支付和银行卡支付等传统支付方式经常会受地域、距离、网点、时间等因素限制，不能很好地满足现代商业社会的发展需要。尤其是随着电子商务的发展，跨越时空的高频次交易行为越来越多，跨时空交易背景对交易的安全性提出了挑战，而高频次的交易特点也产生了降低交易成本、提高交易效率的需求，于是能满足网络交易双方信用保障的新的支付方式应运而生，我们称之为第三方支付。

第三方支付是指具备一定实力和信誉保障的独立机构，通过与网联对接而促成交易双方进行交易的网络支付模式。在第三方支付模式里，买方选购商品后，使用第三方平台提供的账户进行货款支付（支付给第三方），并由第三方通知卖家货款到账、要求发货；买方收到货物，检验货物，并且进行确认后，再通知第三方付款；第三方再将款项转至卖家账户。第三方支付解决了传统支付模式的痛点，以更加便捷、快速的方式支撑新的商业生态，对传统支付方式形成巨大的冲击。

随着互联网尤其是移动互联网的飞速发展，货币现金支付逐渐成为第三方支付的辅助支付手段，银行支付则转向了巨额交易的场景，第三方支付成为当前个人支付的市场主流，支付发展历程如图2-2所示。

第三方支付是金融科技2.0阶段的典型创新应用，不仅很好地解决了支付领域受限于时间、地域、信誉等因素的难题，还给支付领域全面数字化、智能化发展奠定了基础。

人工智能与支付技术的融合，推动支付方式的持续创新。2017年，国务院印发《新一代人工智能发展规划》，该规划支持创新智能金融产品和服务，发展金融新业态。与传统支付方式相比，智能支付给支付服务带来了以下几个方面的优势。

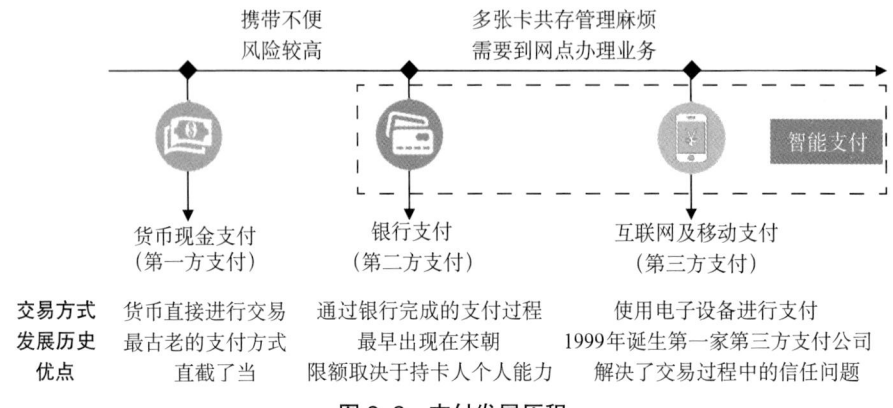

图 2-2 支付发展历程

首先，人工智能创新支付方式。以人工智能为代表的人脸识别、语音识别、生物识别技术正改变传统支付方式，激励创新支付手段，促使银行、非银行支付机构创新智能支付服务。

其次，人工智能提升用户支付体验。通过"智能语音"服务、生物识别身份认证、智能投资顾问等方式为客户带来更快捷、更便利、更智能的操控体验，同时进一步提升了金融机构客户服务水平，节约了人工运营成本。

最后，人工智能提高支付运营效能。例如，刷脸支付通过现实人脸图像与联网核查图像、客户身份证图像交叉比对，由人工智能算法引擎完成身份认证，从而加强了金融服务供给、提升了金融服务效率、提高了支付运营效能。

随着人工智能在支付清算领域的渗透，目前其已广泛应用于账户、工具、手段、系统、监管等支付环节。

(1) 智能账户

《非金融机构支付服务管理办法》第四条规定："支付机构之间的货币资金转移应当委托银行业金融机构办理，不得通过支付机构相互存放货币资金或委托其他支付机构等形式办理，支付机构不得办理银行业金融机构之间的货币资金转移，经特别许可的除外。"

典型的支付机构资金流转流程如图 2-3 所示。

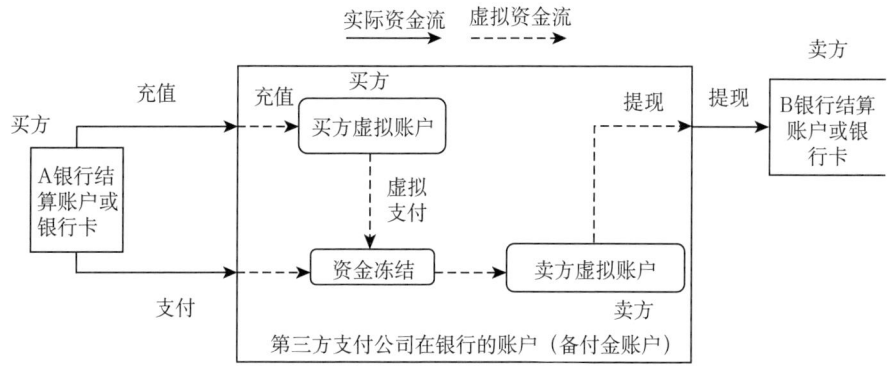

图 2-3 支付机构资金流转流程

如图 2-3 所示，支付机构在央行开立备付金银行账户，接收付款客户银行账户资金（协议支付、商业委托支付、网关支付、认证支付等支付产品），同时，通过其备付金账户将资金转移至收款客户银行账户（代付／商户结算等支付产品）。如果买卖双方在支付机构体系内，支付机构则通过支付账户这一电子账簿记录买卖双方的交易资金余额及交易明细信息，并根据交易流程设计各类中间过渡账户，如现金账户（包括可提现或不可提现等状态）、临时账户（清分前交易资金，一般不可提现）、清分账户（清分后待结算资金，一般不可提现）、结算账户（结算后待打款资金，一般不可提现）。

因此，支付账户交易在弱实名下（相对于银行账户，尤其是 I 类个人银行账户）成为隐蔽的资金源头和资金转移渠道；退货退款及以银行信用卡为资金渠道的充值与支付又成为便利的套现渠道；同时，支付账户这一电子账簿又天然赋予支付机构两地轧差平衡，甚至是在贷记客户资金（如在交易还没完成之前将资金计入卖方名下）、流动性可控前提下放大资金池等"业务优势"。

也正因为第三方支付以自身银行账户和内部信息技术处理为基础推动资金流转，支付机构又天然获得了买卖双方的基础身份信息及交易信息，甚至能基于委托收付款业务深入买卖双方的交易流程。在第三方支付逐渐成为互联网基础设施的情况下，支付机构开始提供实名认证、商户风险评级、客群营销等延展服务，以及基于资金流转的产业资金链服务，如供应链金融。

账户体系是金融交易的核心，也是支付业务的基石。通过人工智能的图谱计算技术，将账户进行聚类和关联分析，基于协同账户准确把握企业画像，全面获取金融服务的需求和精准识别支付清算的风险。从信息平台用户体系到交易平台交易账户与支付账户分离，再到交易平台交易账户与支付账户关联。通过关联银行Ⅱ、Ⅲ类账户与支付账户，有利于银行和非银行支付机构创新获客、活客、资金运营、交易金融等业务模式，加快实现互联网化、场景化和平台化经营。

此外，通过人工智能自动化程度可以提高客户验证的效率。同时，通过"人工智能＋区块链技术"可实现数字化身份信息的安全、可靠管理，在保证客户隐私的前提下提升客户识别的效率并降低成本。通过程序化记录、储存、传递、核实、分析信息数据，可省去大量人力成本、中介成本，提高准确性和安全性，所记录的信用信息更为完整、难以造假。

（2）智能支付工具

传统的POS终端在过去十几年一直保持形式和内容不变，存在升级麻烦、功能单一、扩展性差、缺乏互动性等一系列问题，已经不能满足场景化和个性化支付的需求。随着智能移动POS技术的发展，不同商业模式参与方都可以参与智能化平台个性化应用，如集成从传统的收银、小票打印，到刷卡、二维码等多种支付解决方案，从会员管理到营销管理等，创造出更多的特色化服务。

移动智能终端是推动线上线下场景融合、提升支付服务水平和服务能力的基本保障，智能终端将推进支付的线上线下融合。首先，智能终端对接了用户移动支付的需求，能够提供便利的移动支付方式。其次，智能终端以移动支付为基础入口，连接了商户和消费者，让商户能够得到记录消费者行为的精准消费信息，进行精准营销。这能够帮助实体店通过互联网触摸到消费者，并与之建立全渠道、深层次的线上互动，增强体验功能，发展智慧消费（图2-4）。

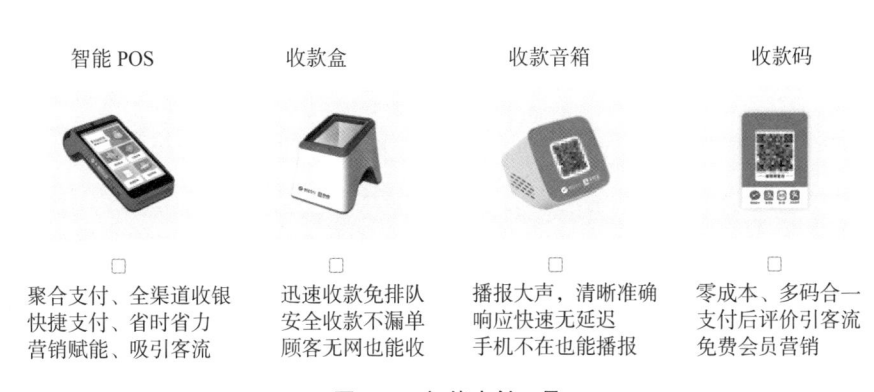

图 2-4 智能支付工具

(3) 刷脸支付

智能支付最为人所乐道的莫过于刷脸支付。刷脸支付是一种基于人脸识别技术的新型支付方式,该支付方式将用户面部信息与支付系统相关联,通过拍照把获取的人脸图像信息与数据库中事先采集存储的信息进行对比来完成认证。

刷脸支付的概念虽然早已出现,但直到 2015 年马云在向德国总理默克尔展示刷脸支付时,才开始逐渐走入国内大众的视野。由于面临技术挑战,刷脸支付商业化进程至今仍然受阻,导致该技术的商业化应用并未很快得到大规模普及。

首先,刷脸支付面临技术挑战,主要体现在可复制性和不确定性,可复制性指的是人脸是可复制的,而人脸的采集比较方便,利用整容脸和照片去识别很容易骗过人脸支付系统。不确定性指的是人的脸部化妆、过敏、受伤会导致人脸特征发生较大变化,影响识别的准确率。此外,支付是在线下公众设备和开放环境进行的,光线、角度等都会加大识别的难度。

其次,刷脸支付面临监管挑战。刷脸支付作为一种新兴的支付方式,涉及诸多的法律监管问题,从支付安全到个人信息安全,这些都需要得到金融监管部门的认证。

目前来看,虽然我国在技术层面已经满足了刷脸支付的要求,但是在监管层面,国家还没有出台相应的监管指引政策,因此,距离刷脸支付大规模落地还有很长的路要走。

1）刷脸支付现状

目前，支付宝、京东之家、苏宁无人店都开始了刷脸支付试点工作。支付宝于 2017 年 9 月 1 日在杭州万象肯德基 KPRO 上线刷脸支付；京东在上海京东之家、深圳沃尔玛京东之家、北京昌平永旺京东之家、北京通州万达京东之家等 4 家线下零售店开展"刷脸支付"功能的内部测试工作；苏宁无人店目前也使用刷脸支付扣款。

按照支付宝刷脸支付流程来看，可分为 APP 开通支付方式、人脸识别、输入与账号绑定的手机号、完成支付 4 个步骤。

依照目前刷脸支付应用现状来看，刷脸支付确实提高了支付的便捷性，支付过程简便，完成整个支付流程不到 10 秒；提高了支付的安全性，通过人脸识别 + 手机号验证的方式增加了双重保险。结合理论与现阶段的应用情况来看，刷脸支付是值得期待的。

2）刷脸支付中的人脸识别技术

刷脸支付之所以成为可能，主要依赖于人脸识别技术提供技术支撑。人脸识别技术，是作为生物识别领域中一种基于生理特征的识别，是通过计算机提取人脸特征，并根据这些特征进行身份验证的一种技术。

人脸识别技术发展历史悠久，1964 年就已经出现。人脸识别经历了机器识别、半自动化、非接触式和智能识别 4 个阶段。智能识别出现之前，人脸识别准确率低于 74%，并未得到大规模应用。在 2014 年以前，学术界在 FDBB 人脸数据集上取得的最好检测精度是在 100 个误检时达到 84% 的检测率，而之后众多基于卷积神经网络算法的人脸检测器在相同条件下取得了 90% 以上的检测率，目前人脸识别系统最高的识别率可达到 99% 以上，人脸识别精度已经超过了人眼。

处于智能识别阶段的人脸识别流程主要包括人脸检测、人脸特征提取和人脸匹配 3 个部分。人脸检测指在人脸识别系统中首先确定是人（活体检测），再确定人脸的大小、位置等信息；人脸特征提取只精确面部关键区域的位置，进行特征点抓取；人脸匹配只判定人脸是数据库中存在的，进而从数据库中找到匹配度最高的人脸。

（4）智能清算系统

支付清算系统是金融信息化应用系统的组成部分，是市场经济中金融基础设施的重要组成部分，是货币体系中不可分割的一部分，是保证金融交易有效性和风险管理的基础。

我国大额实时支付系统于 2005 年建成并推广到全国，实现了跨行支付业务的即时转账结算，2006 年小额批量支付系统推广到全国，实现 7×24 小时连续运行，两个支付系统的建成实现了我国异地跨行支付清算从手工联行到电子联行，再到现代化支付系统的跨越式发展。

支付清算系统涉及资金转移的规则、资金转移的相关机构、资金转移的技术手段等诸多方面，其中，成本、效率和风险是支付系统设计时要考虑的主要因素。非银行支付在成本、效率方面持续推动了行业的发展，已成为中国现代支付体系的重要组成部分。

在支付工具方面，形成以票据和银行卡为主体，网上支付、移动支付等新兴支付方式为补充的非现金支付体系，如图 2-5 所示。

目前，构建企业级支付系统是实现企业战略转型与业务创新的需要。通过植入智能终端设备，对内统一支付结算平台内置智能路由，实现公司内部各系统统一接口，并根据不同业务规则选择最优路由支付，实现高效结算、智能对账。对外可集成多家支付平台，并为企业用户提供更多支付通道。

通过人工智能技术，设计支付结算系统智能选择入款、出款渠道，从而提高支付成功率，降低网关成本。网关会通过自动化、智能化分析用户选择的支付方式，确定用来完成该操作合适的支付渠道。综合考虑收费、渠道的可用性等因素，通过深度学习算法、知识图谱计算来选择最优方案，如实现网上支付智能化。

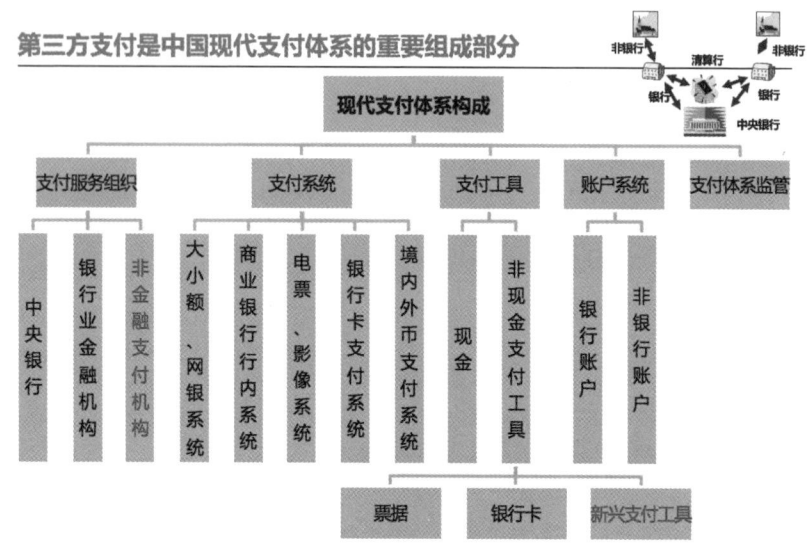

图 2-5　中国现代支付体系

3. 风险投资对智能支付的支持

作为智能金融最引人注目的应用场景，智能支付自然吸引了投资者的目光。智能支付投融资可以大致分为两类，一类是金融机构自身通过新设金融科技公司或者设立相关部门或者事业部来将资源投入到智能支付之中；另一类则是独立的金融科技公司通过融资活动获得投资，进而支持智能支付业务的发展。

聚合支付作为智能支付的前沿产物，是在第三方支付发展到一定成熟度阶段产生的。聚合支付也被称为融合支付，是指借助银行、非银行支付机构或清算组织的支付通道与结算能力，利用自身的技术与服务集成能力，将市面上主流的支付通道整合到一起，为商户提供以支付通道接入为主，配合平台技术服务的整合技术解决方案。以此减少商户接入、维护支付结算服务时面临的成本支出，提高商户支付结算系统运行效率。

简而言之，聚合支付就是将各大支付通道进行整合，将其聚合到一个入口或者一个支付工具上，只提供入口而不提供第三方支付本身这一服务。例如，最初常见的聚合支付，是在各类商户铺设二维码，该二维码可以支持微信和支付宝,甚至翼支付、百度钱包、京东钱包等方式。用户扫描二维码之后,跳转到一个聚合支付平台,聚合渠道完成支付。

通过这种形式,也可以吸引用户关注,引流到其聚合支付平台,从而服务线上电商,最终通过给商户定制个性化营销方案精准吸引潜在用户到店消费,打通线上线下的支付闭环O2O。

显然,第三方支付的发展与聚合支付息息相关,二者好比高速公路与高速公路入口的关系,第三方支付的成熟必然带来聚合支付的崛起。面对正如火如荼发展的智能支付行业,或许可以管中窥豹通过聚合支付的投融资情况一探资本对于智能支付的支持。

根据IT桔子统计,从2015年开始,国内聚合支付行业投融资开始爆发,聚合支付风口正式确立,资本涌入。2017年,聚合支付行业的投融资规模达到近年来峰值,数量为12起,金额为13.44亿元。2018年,聚合支付行业的投融资事件数量为5起,投融资规模达到4.15亿元,相比2017年大幅回落。这一变化可能是因为智能支付行业集中度在不断增加,以支付宝、财付通为代表的金融股服务机构已经占据了绝对优势,智能支付服务被大玩家掌控,行业集中度上升,智能支付所获得的资源投入更多的来源于金融服务机构内部;同时,处于扩大市场份额的动机,金融服务机构自身也会减少对于聚合支付的投入,而致力于发展自家的第三方支付服务,这两个原因导致了面向聚合支付的投融资逐渐降温(图2-6)。

4. 人工智能在支付清算领域的风险

由于支付业务的连接属性,每一笔交易中支付双方的相关数据都被计算机记录,在金融大数据的支持下,商业主体的行为和关系都可以动态呈现出来。人工智能技术的应用,在大大提升了支付清算领域的效率和规范性的同时,也给支付清算领域的应用带来以下几个方面的潜在风险,需要监管机构从顶层设计,给智能支付发展提供良好的发展环境。

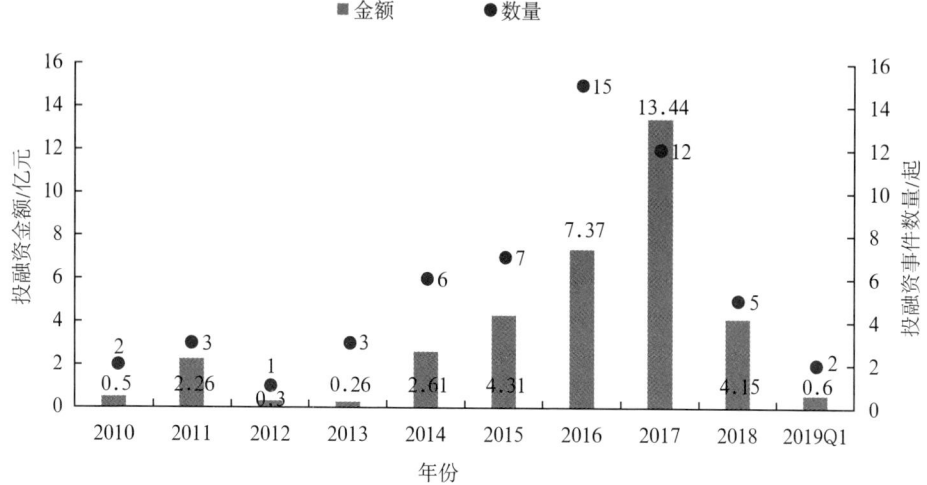

图 2-6　2010—2019 年第一季度聚合支付行业投融资事件数量及金额统计

（资料来源：IT 桔子）

（1）信息泄露的风险

金融业作为信息密集型行业，应用人工智能必然会面临海量数据采集和处理，而数据安全是人工智能应用的底线，如果数据被成功攻击，将会暴露用户的个人隐私，也极有可能对客户造成财产损失，甚至是人身安全。

（2）金融监管难度加大

在现有金融监管体系下，由于人工智能故障引发的风险事件责任界定较为困难。一方面，人工智能本身的学习、决策机制所产生的行为无法追溯，这就对人工智能行为的监管带来困难；另一方面，一旦人工智能应用发生问题，其责任主体很难界定，后续处理成本也比较高。

（3）信息采集的合法性问题突出

人工智能需要采集大量的数据来进行处理和分析，随着云技术的发展及数据采集范围的扩大，"网络爬虫"技术可能会导致目标网站非公开信息的非法采集，成为不法分子进行非法信息交易的工具。

(4) 金融系统性风险加大

基于人工智能和机器学习的模型极为复杂，普遍缺乏可解释性。开发者和使用者很难预测这些应用程序将如何影响市场，或将给金融市场的稳定带来意想不到的冲击，引起宏观层面的系统性风险。

尤其是在资本市场交易中，由于算法的一致性，当极端行情出现时，触发智能算法的一致性行为，从而加大市场的波动幅度，会引起更大范围的恐慌。

5. 案例

【案例 2-1】 美团智能支付开放平台

美团智能支付开放平台是美团搭建的以支付为基础的开放式平台，该平台将"新美大"的评价、营销、会员、数据等能力，通过接口等形式开放给第三方合作伙伴，致力于和第三方合作伙伴共建、共享开放生态，支撑起了美团智能支付体系的庞大帝国。

目前，开放平台提供了入件、支付、退款、结算对账等一系列接口，能够帮助对接方实现接入美团支付平台。平台支持全接入和轻接入两种接入模式：第一种是全接入，是指接入入件、商户管理、支付管理、结算对账管理等整套接口，商户在接入方系统完成日常管理，比较适合独立软件开发商（independent software vendors，ISV）；第二种是轻接入，是指只接入支付接口，其他接口选接（入件由美团运营人员操作，结算对账在开店宝管理），比较适合重要客户。接入方可以根据自己的需要，选择接入相应接口。

美团智能支付开放平台具有以下几大优势。

第一，跨平台多渠道，降低接入成本。美团智能支付同时支持微信、支付宝、刷卡、银联云闪付、Apple Pay、美团点评客户端，将国内主流的支付渠道集于一身，有效降低了第三方接入支付成本。

第二，将支付平台与美团线上业务打通，提供多种增值服务，帮助商户赢得C端用户。

首先是评价功能。评价覆盖全支付场景，用美团智能POS可通过微信小程序完成，用二维码和秒付可以加载标签并传图。同时，美团、大众点评等APP还可以推送等待评价的消息。这样既增加了用户互动，还能够帮助商家提升用户黏性，进一步提升口碑，并增加曝光程度。

其次是营销功能。营销以支付为入口，满足商户需求的七大场景，包括节日活动、会员集点、分享红包、支付赠券、满额送券、关注送券、用户一键领券，并在支付中自动核销。用户支付后关注公众号，并进一步完成外卖券发放等二次营销，形成闭环。

最后是赋能功能。美团智能支付平台通过赋能餐饮商家，包括排队助手、预定助手、收银系统对接、外卖接单神器及智能异常处理、语音应答等，还基于开放平台，陆续完善电子发票等更多功能。既便利了商户在新型商业模式下进行操作，又令C端用户在获取便利的同时增加流量黏性。

第三，巨大的体量优势。在商户方面，美团在线业务积累了500万级商户，涵盖餐饮、超市、酒旅、婚庆等多种行业；在用户方面，"新美大"年购买用户达到了2.4亿之多。有了巨大的业务体量作为需求来源，基于智能支付平台而开发出的产品可以源源不断地得到实践应用，与在线业务产生协同生态优势。

【案例2-2】 支付宝刷脸付

2019年年初，中国支付清算协会网络支付应用工作委员会和移动支付工作委员会2018年优秀案例评选结果出炉，支付宝的刷脸支付服务获得工作委员会优秀案例评选的创新实践奖。

支付宝刷脸付是基于人工智能、生物识别、3D传感、大数据风控技术，最新实现的新型支付方式。用户在无须打开手机的情况下，凭借"刷脸"完成支付。刷脸付的使用，有效提升用户的消费体验，提高了商家的收银效率。

（1）产品特点

金融级安全性。支付宝的刷脸付设备配备 3D 红外深度摄像头，在进行人脸识别前，会通过软硬件结合的方法进行活体检测，来判断采集到的人脸是否是照片、视频或者软件模拟生成的，能有效避免各种人脸伪造带来的身份冒用情况。

金融级准确性。支付宝将线上积累多年的金融级人脸识别技术应用到线下的扫脸支付设备中，并为刷脸付商用做了很多独创的优化，目前识别的准确率为 99.99%。

动态手机号方案。基于金融级的智能风控技术，支付宝刷脸付能够准确判断支付的安全等级，并由此来判断是否需要用户输入手机号进行再度确认，安全等级高的就无须输入手机号。

（2）刷脸付产品形态

刷脸付能力是"刷脸付"和"当面付"两个产品的完美结合，"刷脸付"产品用于核实当前用户的支付宝实名账户；"当面付"产品用于从当前用户的支付宝实名账户中完成扣款。"刷脸付"产品提供多种交互方式，用于认证当前用户的支付宝实名账户的本人身份。

（3）用户使用流程

用户在设备上选择"刷脸支付"后，只需要根据屏幕提示，完成人脸识别和输入手机号验证，即可成功付款完成交易。

首先，用户进入支付环节，选择"刷脸支付"方式，系统采集符合质量要求的人脸并完成活体检测。

其次，用户输入支付宝绑定的手机号。根据支付宝刷脸付后台强大的安全风险智能决策系统，用户在不同场景下使用刷脸付，要求输入的手机号位数可能会不同。从用户的感知角度来说，对于偶尔光顾某家门店使用刷脸付的用户，通常需要输入 11 位手机号。对于经常光顾门店使用刷脸付的用户，通常只需要输入后 4 位手机号甚至不需要输入手机号，即跳过手机号输入界面,直接进入支付确认页面(手机号输入位数的判定逻辑由刷脸系统自动决定)。如果当前用户被确认为手机号对应的支付宝账号的本人,则展示确认支付页面。

最后,点击确认支付,系统根据订单金额完成支付宝账号的扣款操作(图2-7)。

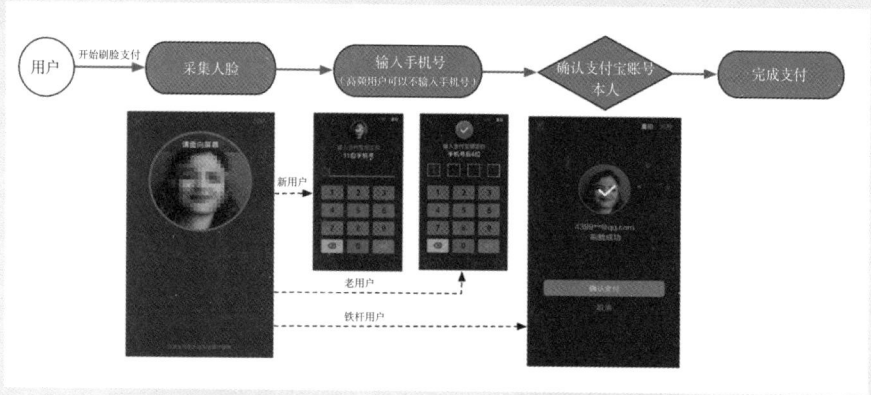

图2-7 用户刷脸付使用流程

(4)技术过程

找人脸:在实时获取到一个视频流后,首先需要找到视频帧当中的人脸具体在什么位置,即face detection,也是人脸检测的过程。在这一过程中通常会使用sliding window(窗口扫描法)来做人脸的查找。

分析脸:对人脸的一些属性进行分析,通过找到人脸的关键点,包括眼睛、嘴巴、鼻子的位置,来判断这个人脸目前的状态,如通过眼睛的睁、闭状态来确认你是否在一个主动希望进行刷脸支付的状态。

活体检测:对传感器感受到的"真人"与"攻击"的不同做出辨识。

人脸对比:将机器捕捉到的人脸特征与库中的人脸特征进行对比,确定使用者身份。

结合手机号确认身份,执行扣款指令。

（5）产品价值

根据统计，刷脸付整个过程耗时不超过10秒，免去了排队结账等环节，大大节约了用户时间。同时，用户不必记住那么多复杂、烦琐的密码，降低用户使用成本和使用难度，尤其是对老年人等群体非常友好。

对商家而言，这种全流程自助的"无人超市"式体验，可以为商家提高经营效率和信息化水平，实现商业升级。

例如，在KFC的自助点餐机上，用户可以自助完成点餐，并通过"刷脸"完成支付，免去在人工通道排队点餐支付的麻烦，为用户节省了大量的时间。

第二节　智能客服

1. 智能客服的发展现状

2010年之前，我国就已经出现了智能客服行业的企业，但主要以第一代智能客服为主。而随着人工智能、语音识别等技术的发展，行业内初创企业数量逐渐增长，2016年达到高峰，成立的智能客服企业达到17家。进入2017年以后，由于资金面缩紧，智能客服市场竞争不断激烈，大量的巨头入局，行业新成立的企业开始大幅减少。

客服行业经历了3个发展阶段，分别是以传统电话客服软件为代表的客服1.0阶段、以PC端网页在线客服为代表的客服2.0阶段和以人工智能服务为代表的客服3.0阶段。当前，3种服务模式并存，并逐步过渡到智能客服。

传统电话客服时代，互联网尚未普及，消费者利用电话、会面等传统服务渠道与企业沟通，企业客户服务以呼叫中心服务为主。呼叫中心按照使用性质可以分为自建型呼叫中心和外包型呼叫中心。

PC端网页在线客服时代，互联网普及度较高，企业逐步利用在线客服软件联系客户，相较传统客服，在线客服可以实现一对多的服务，极大提升了客服人员的工作效率。

随着移动互联网和社交媒体的发展,客服需求呈指数级增长,且客户流量入口由以 PC 端为主,向混合式、去中心化转变,企业需要提供精细化服务,提升用户体验。人工智能技术的应用非常好地解决了传统客服的痛点,吸引众多企业争相布局,已成为电商零售业、教育培训行业、娱乐行业及金融业客户服务最佳解决方案。

(1) 智能客服在金融领域的应用

为了应对大批量的日常用户,淘宝、苏宁、京东等电商及商业银行等平台均上线了智能客服。智能客服系统提供的呼叫中心服务,解决了金融行业的电销难题,且可以代替人工进行催收、回访等工作。另外,智能机器人客服还拥有强大的数据知识库,可以迅速搭建、学习完整的金融知识体系,依照企业要求提供标准化、合规化的客户服务,并且可以即时上岗即时工作,帮助提高客户服务质量,提升客户成交转化率。

(2) 银行智能语音服务系统

在金融领域,智能机器人开始逐渐以各种形式出现在人们的生活、工作场景中,现在较常见的是一些银行的在线智能语音服务系统。传统的语音自助服务按照业务类别设置层层按键索引,客户需要根据语音提示进行相关业务的选择,往往要花费较长的时间才能寻找到需要的业务。有些情况下,甚至无法很顺利地准确找到相关业务,严重影响了用户体验。

现在逐渐出现的"智能语音系统",通过机器人将传统的多层自助语音菜单扁平化,用更人性化的方式实现语音导航、语音交互、语音咨询等常用功能。此外,用户还可以通过语音对话直接告知业务需求,快速办理相关业务,例如,查询信用卡还款情况、申请信用卡额度调整等,或者查找并进入需要的功能。与传统语音客服相比,不仅节省用户时间,提高服务效率,而且通过人性化的方式提升了用户的满意度。

(3) 智能金融服务机器人

除了在线智能语音系统，现在我们还可以看到一些实体的智能机器人在金融领域的投入应用。

例如，交通银行试点推出的智能服务机器人可以通过语音识别、触摸交互、肢体语言等方式，为银行客户提供聊天互动、业务引导、业务查询等服务。在交行辽宁省某支行，类人形机器人在大堂内自在走动，当被问到有关银行业务的问题时，它会详细解答并进行引导服务，即扮演部分大堂经理的"角色"。例如，有客户问它："我要取钱，到哪儿取号？"它回答说："如果您取款金额在2万元以下，可到自助取款机办理。"如此分流了客户，节省了客户办理业务的时间。

2. 智能客服的发展历程

智能客服是人工智能技术较早实现商业化的领域，吸引了众多企业争相布局，已经在电商零售业、教育培训行业、娱乐行业及金融业得到了广泛的应用。

智能客服是聊天机器人的一种，其主要功能是同用户进行基本沟通，并自动回复用户有关产品或服务的问题，以达到降低企业客服运营成本、提升用户体验的目的。

聊天机器人并不是新的话题，它起源于图灵在1950年提出的设想："机器能思考吗？"为了验证这个设想，图灵通过让机器参与一个模仿人类对话互动的游戏来验证"机器"能否"思考"，也就是著名的"图灵测试"。此后，一系列的聊天机器人被开发出来，典型的例子如下。

1966年，麻省理工学院开发出第一个聊天机器人Eliza，用于在临床治疗中模仿心理医生与患者互动。虽然其中仅使用了一些简单的关键词匹配和回复规则技术，但是机器人的表现还是超出了预期。

1988年，加州伯克利分校开发了UC，用于帮助用户学习使用UNIX操作系统。它已经可以分析输入的语言、理解用户的意图、选择合适的内容，并最终生成对话内容反馈给用户，进一步推动了聊天机器人的智能化程度。

1995年，理查德·华勒斯开发了ALICE系统，随着ALICE一同发布了人工智能ML语言，目前被广泛应用在移动端虚拟助手的开发中。随着云计算、大数据、机器学习、深度学习等技术的不断发展进步，基于人工智能的虚拟机器人崭露头角。

目前，智能服务机器人已经由信息回答式向一站式问题解决方向转变。其中，信息回答机器人主要扮演简单信息咨询窗口的角色，表现为信息问答式，即机器人通过语义理解实现基于知识库内容的一问一答。它的发展也历经了单一关键词精准匹配阶段、多关键词模糊匹配阶段、自然语言模型应用阶段、深度学习阶段，而以问题解决为导向，深入更具体的客户服务细分场景，探索在一个服务对话框内的一站式问题解决。

智能客服机器人发展主要经历了4个阶段。首先是关键词精准匹配，满足单一关键词触发问答阶段。这一阶段的客服机器人还称不上智能机器人，准确来说，可以定义为机械客服机器人，它是基于单个关键词的精确匹配，来满足客户关键词触发询问。适用于极其单一的业务场景，例如微信公众号里回复关键词"电子书下载"，就会获取相应资料的下载链接，如果回复关键词"电子书"，则不能获取对应的资料。

其次是关键词模糊匹配，满足相近的词义的关键词触发问答阶段。这是单一关键词触发问答升级版，它基于语句字面相似度，对预先定义的问答知识库进行模糊匹配，实现不同用户相似问法的回答。例如，用户输入"电子书下载"或"电子书下崽"，都可以获取相应的资料下载链接。人工输入的庞大问答知识库支撑功能升级，但是对字面相似、含义不同的问法难以区分，只能达到30%~40%的识别率，且维护成本大大增加。

再次是自然语言分析及语义分析，实现复杂用户咨询的更精准的回答阶段。自然语言分析是指把一个句子拆分，把里面每一个词加以分析，给每个词加一个权重，根据权重的综合算法来匹配知识库中的答案。例如，知识库设定的一个语句是"我要下载电子书"，当客户说"请问怎么获取电子书"时，机器人可以理解用户意思并给出用户想要的答案。这一阶段的客服机器人已经较为先进,但其准确性依赖底层复杂算法和知识库维护。目前,市面上的大多数客服机器人都停留在第三阶段的应用,但语义判断能力还是有限,匹配精度还没有特别高。

最后是深度学习阶段,机器人更了解人的意图。目前最先进的机器学习算法架构,包括循环神经网络、卷积神经网络、LSTM(长短记忆网络)等。深度学习算法可以对上下文进行建模,提升上下文语义识别能力,从大量未标注的数据中进行学习,同时还可以对复杂的情感进行建模,自动实时客服及客户情感值分析。这个技术架构已部分运用于客服机器人产品,但部分厂家运用仍属浅层,还未实践出足够智能、易用的客服机器人。

由于人工智能在自然语言处理、声纹识别、语音识别、图像识别等方面取得的重大突破,使得智能客服机器人基于深度学习等工具,对客服所需知识进行学习后为客户提供精准智能客服服务成为可能。

在金融行业,由于业务种类繁多,监管把控严格,对客服人员的行业知识和综合素质要求较高,培训成本较高,招聘难度较大,客服人员上岗后熟悉过程较长,无法及时进行工作推进。基于此,智能客服为金融行业提供了绝佳的解决方案(图2-8)。

与智能客服相比,传统客服依赖于呼叫中心,客服技术实现简单,沟通效率低,无法进行多渠道覆盖。而以人工智能技术为支撑的智能客服,能从APP、社交媒体及其他智能设备上采集信息,并构建知识体系,提高服务效率。与智能客服相比,传统客服存在以下几个方面的不足。

传统客服提供"一对一"的服务模式,系统大多处于"忙线中",尤其是当问题集中爆发时,系统可能会崩溃,导致客户体验差,客服投诉率高。

在日常的服务中,存在着大量重复性的咨询问题,传统客服利用电话等渠道为客户提供服务,所有服务都需要人工提供帮助,智能化程度低加重服务工作量,造成人工服务工作效率低。

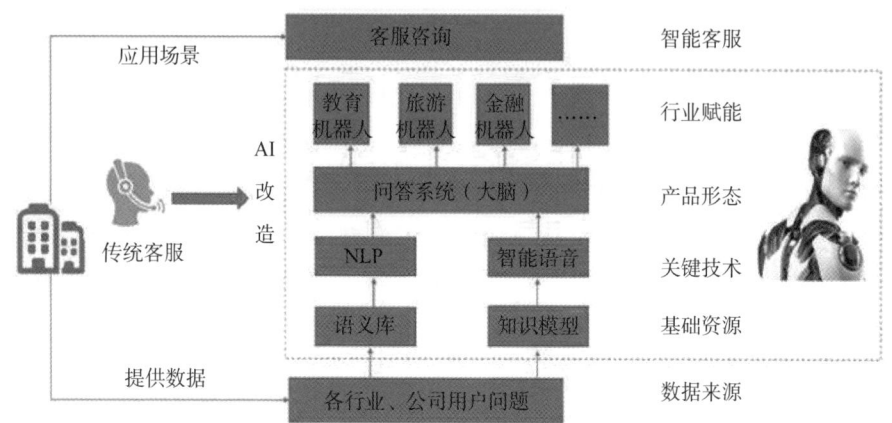

图 2-8 智能客服系统框架结构

(资料来源：投资人阿旺)

客服行业的重复性、低效率使得传统客服成为劳动密集型行业，大量的客服人员在企业客服中心提供客服服务。而随着人口红利的消失，用人单位的人工成本越来越高，一些企业为了降低成本选择客服外包模式解决企业客服需求。

3. 风险投资对智能客服的支持

2012—2019 年，国内获得投资的智能客服公司共有 129 家，累计融资额 82.41 亿元。其中 2017 年获得融资的智能客服公司达到 38 家，投资额为 25.32 亿元（图 2-9）。

据亿欧智库统计，截至 2018 年 5 月，国内包括智能云客服及客服机器人在内的公司共计 69 家，未融资、种子轮、天使轮阶段公司占比超过 58%。B 轮到 D 轮公司共计 8 家，分别为小能科技、环信、智齿科技、Udesk、追一科技、逸创云客服、意能通、V5 智能客服。新三板公司共计 6 家，包括小 i 机器人、快商通、风语者机器人、中科汇联、远传技术、融合通信。

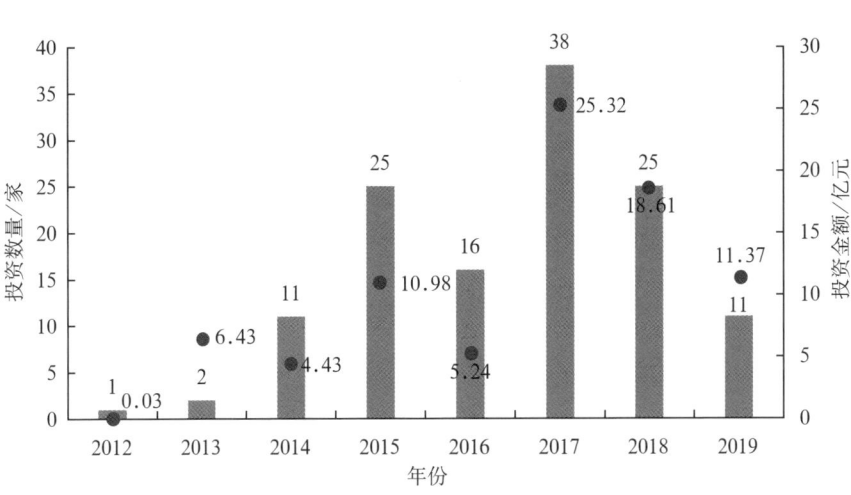

图 2-9　2012—2019 年智能客服行业投资数量与金额

（资料来源：亿欧智库）

在 69 家公司中，在 2017 年中到 2018 年中期间获得过新一轮融资的公司有 16 家，分别为智齿科技、小 i 机器人、意能通、中金智汇、墨子人工智能、浙江一芯、百可录、八爪鱼智能、S 先生、融合通信、追一科技、进化者机器人、小丁智能、云问科技、爱因互动、快递哥（图 2-10）。

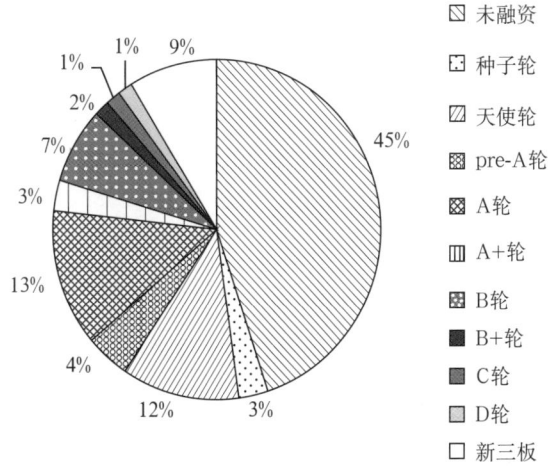

图 2-10　中国智能客服融资轮次分布

（资料来源：Jingdata）

从成立时间来看，云客服公司多成立于 2013 年前后，客服机器人公司多成立于 2016 年前后。2010 年之前成立的公司则是一些传统客服软件和传统客服机器人公司（图 2-11）。

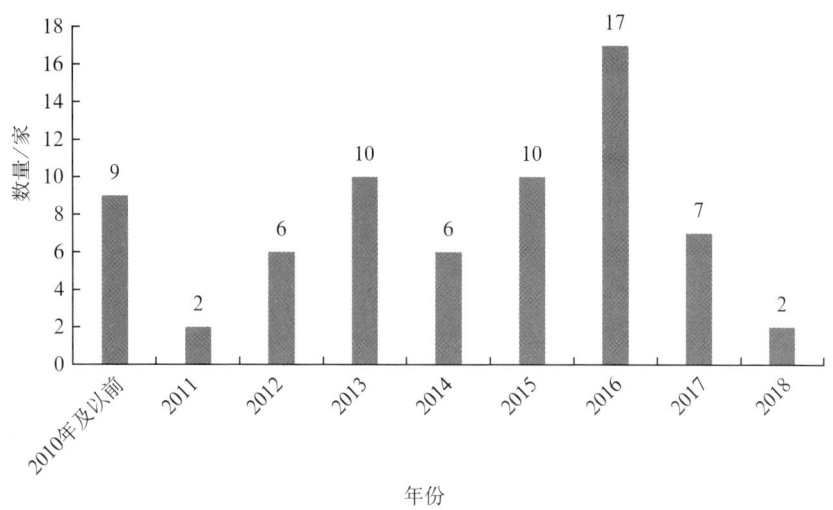

图 2-11　智能客服公司成立时间

（资料来源：Jingdata）

从业务方向来看，专门做文字客服机器人的公司最多，云客服及综合类公司业务种类则相对较全，但技术参差不齐。此外，快递、招聘、电商、小程序等领域也出现了一些垂直客服机器人公司，更有新成立的公司在探索虚拟影像客服机器人（图 2-12）。

4. 案例　招商银行与智能服务系统——小 i 机器人

自 2004 年以来，招商银行信用卡客户服务中心多次获得国内外行业相关荣誉，具有良好的口碑。

近年来，随着以人工智能、大数据、云计算等为代表的技术浪潮兴起，深度学习算法取得突破性进展，语义理解（NLU）技术、语音识别（ASR）技术和语音合成（TTS）技术等人机交互技术日趋成熟，智能客服发展进入高速发展阶段。在这一背景下,招行率先引进基于这些技术的智能客服系统,走在了行业的前面。招商银行信用卡客户服务中心是最早对传统知识库进行智能化升级,引入智能服务系统的金融机构之一。

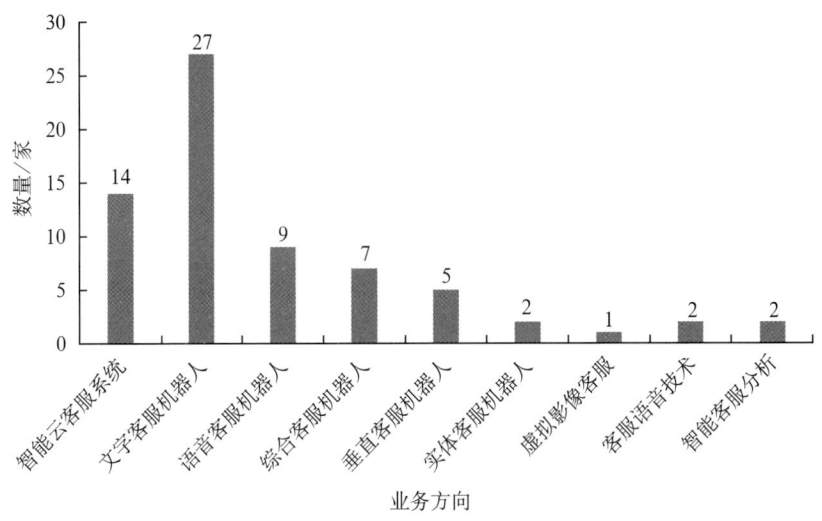

图 2-12 智能客服公司业务方向分布

(资料来源:Jingdata)

招商银行与智能服务系统——小 i 机器人从 2012 年开始合作。从微信上的智能客服机器人到打通全渠道的智能客服系统,再到不断进化的智能知识库,招行用 7 年的时间探索出了一条"智能 +"金融的"AI 赋能行业"的可行路径。

智能客服系统概况

招商银行小 i 智能客服系统包括 3 个模块:智能客服机器人、智能座席知识库、智能移动版知识自助门户(图 2-13)。

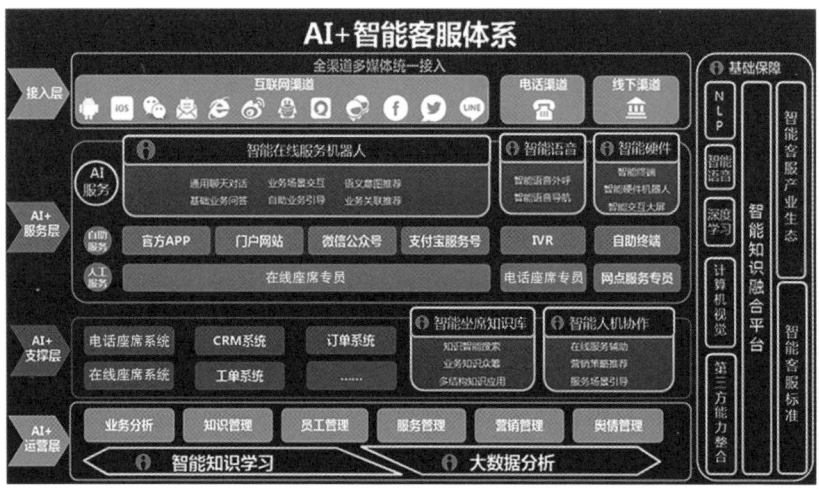

图 2-13　智能客服体系

(1) 智能客服机器人

智能客服机器人以人工智能技术为基础，能够通过网页、即时通信工具、社交媒体工具等形式，实现一对多 7×24 小时服务，大幅降低服务成本，增强用户体验，提升服务质量和企业创新形象。从技术上讲，智能客服机器人能够应用自然语言处理技术（NLP），通过漏斗式的服务方式，显著提升服务效率，分流大量人工压力，降低人工服务成本，有效改善用户体验和提高用户满意度，从而帮助企业实现传统呼叫中心向智能化客户联络中心的成功转型。

招商银行信用卡通过小 i 机器人将人工智能技术与移动互联网结合，用全新的方式完善其客户服务体系，增强用户体验，提升服务质量。实现了拟人化的交互，可随时随地提供服务咨询、业务查询等基本功能；通过将信用卡、账户信息等与招商银行网银系统直接对接，可开展还款、转账、积分兑换等复杂业务；结合位置服务、移动支付等方式提供更多增值服务，带动相关业务拓展，实现增益创收；结合社会化媒体的特点，快速完成用户信息搜集、市场调研、品牌推广等营销活动。

其中，智能微信服务平台可自主完成信用卡 90% 的业务，上线后半年内捆绑用户量就超过 180 万个，平均每天交互量为 40 万～60 万通，95% 为小 i 机器人自动回复处理，问题解决率高达 98%。

（2）智能座席知识库

小 i 智能座席知识库是小 i 机器人在智能机器人领域耕耘 10 多年的基础上自主研发的智能知识管理和应用系统。它基于 B/S 架构，融合多种人工智能技术和知识本体网络构建技术，以成熟的本体知识体系为基础，以强大的智能搜索引擎为核心，支持内外部全渠道应用，突破了传统客服知识管理平台只能管理非结构化知识、知识搜索效率低、知识积累无体系、知识关联少等弊端，真正实现了知识应用智能化、知识管理统一化、知识展现个性化，充分满足企业未来的知识应用需求（图 2-14）。

知识库对内外部全渠道接入。利用跨平台、超大规模消息通信和整合技术，实现知识库对内外部全渠道的接入，并配备统一的知识管理后台进行多渠道知识的单点维护、多点发布。

知识结构化管理。利用成熟的本体理论，创建知识本体，并将语言知识库和业务知识库分离，利用语义规则关联语言知识和业务知识，实现知识的结构化管理。

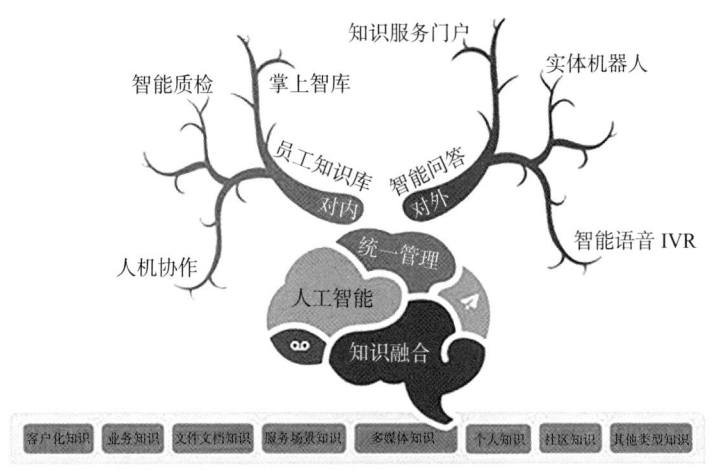

图 2-14 智能知识融合平台

基于语义的智能搜索。整合自然语言处理和人机交互技术，适应客户化的提问方式；提供基于语义的智能搜索和高级搜索，满足用户不同的搜索需求。

实现了打造出一个知识库同时服务于内外部两类客户群体的新服务生态；实现企业知识的互联网化、开放化、透明化、统一化；以智能语义理解模式替代传统的座席记忆＋关键字搜索的工作模式，开启座席端应用的新篇章。

（3）智能移动版知识自助门户

小 i 智能知识门户产品是当前移动互联网时代，企业面临知识、咨询、业务碎片化、无序化的智能知识应用解决方案。小 i 智能移动版知识自助门户能够将企业庞杂而分散的知识和业务通过智能后台进行有效地整合并发布在所有移动平台，用户可以随时随地获取产品知识、快速自助办理业务，实现企业知识展示—用户获取知识和办理业务—用户反馈知识—企业管理知识—企业大数据分析的知识流、业务流、数据流的闭环，构建全业务管理的移动知识自助门户，帮助企业在移动互联网时代无缝对接用户和企业，实现企业产品、服务的高度自助和快速更新。

智能移动版知识自助门户具有智能搜索、智能推荐、精准分析、无缝办理，即刻分享、随时解答、服务周全、知识闭环、全渠道、全媒体统一管理，支持实时和离线语音转写及个性化推送等特点。

通过建设智能移动版知识自助门户，将信用卡中心庞杂而分散的知识和业务通过智能后台进行有效的整合并发布在所有移动平台，用户可以随时随地获取产品知识，帮助信用卡中心在移动互联网时代无缝对接用户和企业，实现企业产品、服务的高度自助和快速更新。

第三节 智能风控

1. 智能风控的现状

风险在金融服务场景中无处不在，如信贷风险、交易风险、反欺诈等，风险控制是金融机构的核心竞争力。在金融科技快速发展的今天，智能风控有许多"别名"，如大数据风控、风险模型实验室、风险计量引擎、决策引擎等。虽然说法有别，但都是运用大数据平台的计算分析能力、机器学习或深度学习模型，服务于信贷风控、反欺诈、反洗钱、交易监控、保险理赔等场景（图2-15）。本质都是以数据驱动的风险管控与运营优化。

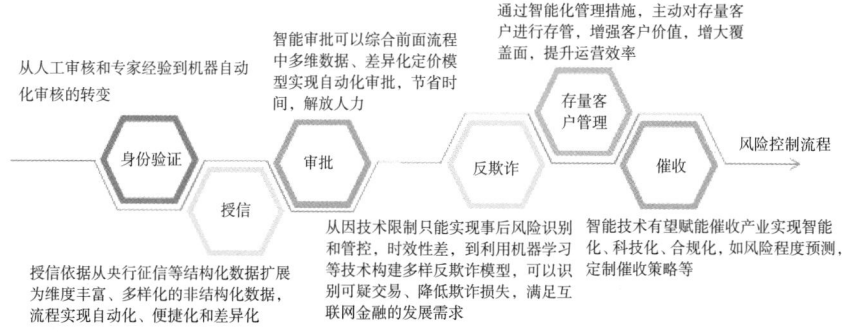

图2-15 智能风控的应用场景

（资料来源：亿欧智库）

与传统金融风险控制不同，智能风控改变了过去以合规、满足监管检查为导向的风险管理模式，强调运用金融科技降低风险管理成本、提升客户体验、数据驱动风控能效等，实质上代表了一种精益风险管理思维。如果说巴塞尔新资本协议的全面风险管理（资本计量、监督检查、市场纪律作为三大支柱）是传统风控的体现，那么智能风控则是互联网、大数据时代风险管理实务的变革与创新。

传统金融机构与金融科技公司的风控环节存在信息不对称、成本高、时效性差等问题。传统的风控手段已经难以满足个人消费信贷增长和被传统金融机构忽视的互联网长尾用户的贷款需求；金融科技极大地促进了信贷智能风控的发展，目前贷前审核、贷中监控和贷后管理等环节都存在不同程度的痛点，人工智能技术的应用能够大大提升效率，将人从低效重复的劳动中释放出来。

智能风控与传统风控的互补和革新主要体现在技术和应用两个方面。在技术方面，智能化技术综合运用互联网、大数据、人工智能、云计算、区块链等先进技术手段、措施和方法，达到机器和业务流程的智能化，实现数据驱动。

在应用方面，通过构建智能风控体系，提高金融服务的效率和安全性，在有效降低风险事件发生概率和损失的前提下，可以扩展业务覆盖人群，完善业务流程，降低风控成本，实现贷前、贷中、贷后智能风控，并促进风险管理差异化和业务人性化。

智能风控并没有改变"数据 + 模型 + 规则"的处理逻辑，而是突出了机器学习模型的应用，如线性回归、Logistic 回归、支持向量机、神经网络、深度学习、集成学习等。对于金融机构的风险管理人员来说，随着外部数据获取途径的增加，对于过去无法获取有效风险特征的人员或中小企业，风险数据得到了有效的补充，从而能够为更多的场景、人群设计不同的金融产品。

无论是对个人或是企业的银行贷款、抵质押或担保贷款，抑或是供应链贷款、评分卡、巴塞尔协议中的贷款，还是当前热门的智能风控，根本原理都是衡量客户还款能力和意愿。智能风控只是通过更多的数据维度来刻画客户特征，从而更准确地量化客户违约成本，实现对客户的合理授信。可以看出，其原理和方法论与传统金融风控没有区别，但可以通过自动化审批来替代人工审核，降低人力成本。

除大数据外，智能风控的"智能"主要体现在机器学习算法构建模型。在授信申请、违约损失计算、逾期预测、反欺诈等业务目标确定后，通过内外部数据的整合、预处理（如采样、PCA、缺失值填充、归一化）、特征统计等方法，再选择合适的算法进行分析。

随着智能风控技术的逐渐成熟，各类金融机构纷纷将智能风控技术应用到自身业务活动之中。

（1）银行业：智能化信贷风控、反欺诈

近年来，商业银行基于大数据等技术，构建了新一代风险管理体系，依托于大数据平台的计算能力及大数据金融风险计量模型，为智能化、自动化风控决策提供支持。

这类风险管理体系从全行角度接入，包括客户信息、对公信贷、个贷、信用卡、外部数据（工商、税务、司法等）。基于大数据平台建设风险数据集市和模型实验室，综合运用数据仓库、知识图谱、商业智能、数据挖掘与机器学习等多种技术，为多种风险类别提供决策支持，如客户信用风险、抵质押品风险、异常交易风险、操作行为风险、机构行为风险、授信风险等。另外，也会与行内基于巴塞尔Ⅲ的全面风险管理系统、经济资本计量系统打通，整合全行全面风险管理与控制体系（图2-16）。

对于银行的大数据风险计量引擎，包括但不限于小微企业贷款、对公客户评级与债项评级、个贷申请评分、对公风险指标计算、信用卡申请与分期评分、零售LGD与RAROC等风险指标计算，实现对零售、对公业务风险管理的全面覆盖（图2-17）。

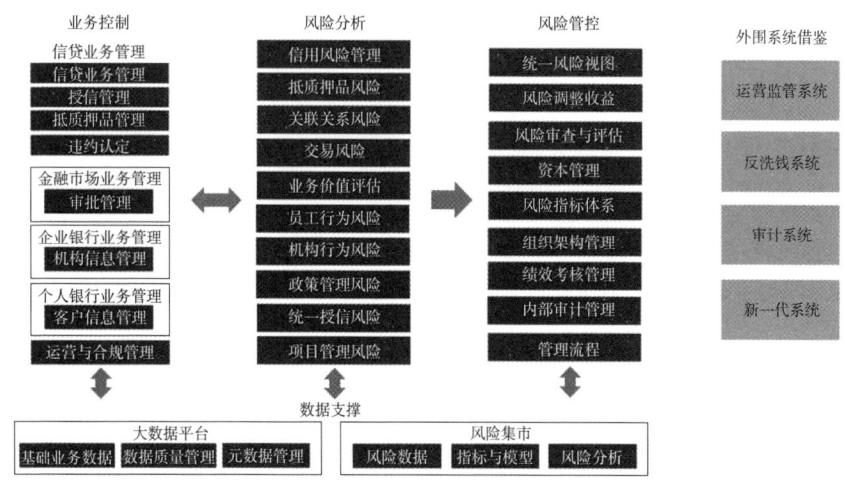

图 2-16 基于大数据的全行综合风险管理体系

(资料来源:金融科技顾问公众号)

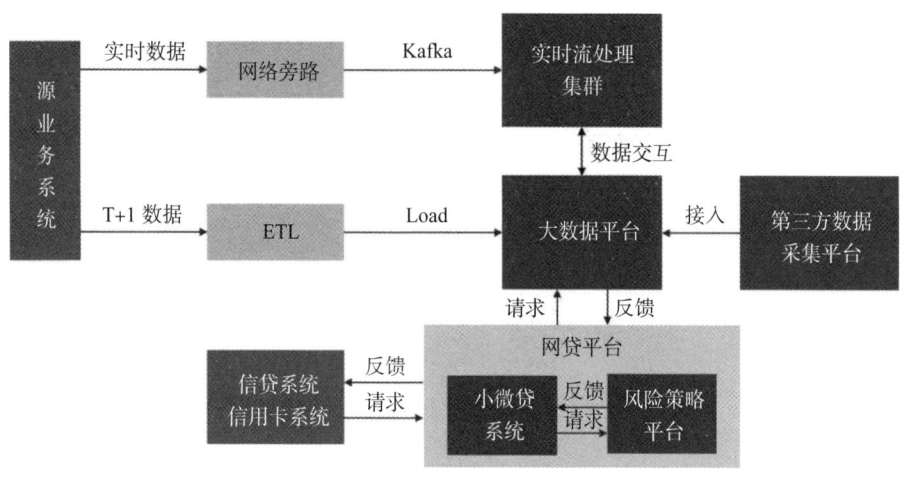

图 2-17 基于大数据技术的秒贷平台

(资料来源:金融科技顾问公众号)

(2)证券业:异常交易行为、违规账户侦测

与银行业的智能风控专注于信贷风控、反欺诈等不同的是,证券公司、交易所更关注于"实时""事中"交易违规行为的侦测。从监管要求方面,沪深

交易所近期也发布了《关于加强重点监控账户管理工作的通知》，要求强化交易一线监管、突出事中监管，明确了严重异常交易行为的重点监控账户；从技术方面，由于每日盘中连续交易阶段的数据量大、并发性高，关于低延迟实时计算、机器学习和复杂事件处理是证券智能交易风控的设计要点。

异常交易行为特征描述本质上是一个用户画像项目，对高频交易客户进行群体划分，建立用户画像体系，基于客户交易行为中的各种指标提取特征，使用这些特征作为模型的输入，输出为该用户所属的类别。特征指标如交易活跃度（下单次数、下单频率等）、每单报价、持有标的、总资产、资金与持仓信息等。在证券业务层面，则需要覆盖经纪、自营、资管等业务。

(3) 保险业：风险定价、反欺诈与智能理赔

保险风控的主要应用领域在防骗保和反欺诈。近年来，险企运用大数据技术的越来越多，基本思路是借助内外部数据在财产险的查勘、定损、核算等环节识别风险特征。以众安保险为例，其对接了央行征信、公安、前海征信、芝麻信用等外部大数据，其中公安数据包含所有已识别到的风险电话数据、短信数据等。

此外，智能风控也逐渐加入生物特征识别、人脸与图像识别等人工智能技术，提高欺诈识别率，降低理赔成本。

2. 信贷业务风控过程

风险控制作为金融业务的核心环节，贯穿于全流程中。目前，主要有互联网公司、银行金融科技子公司和金融科技公司等企业向金融机构提供智能风控技术。

互联网公司是从数据端切入信贷风控业务，而创新型金融科技公司是从技术端切入。其中，征信企业作为中小微企业信贷授信过程中的衍生机构，随着大数据采集技术的成熟和数据量的积累，也在积极利用大数据、人工智能等技术推进智能化征信体系建设。

信贷业务是最为古老的金融业务之一，单笔金额小、申请量大，需要投入

大量的人力和时间。传统信贷审批是通过客户历史信用信息和个人消费情况，对申请人风险进行评分和预测。由于金融相关数据一般呈现分散化、碎片化的特点，真实、有效及完整的数据往往很难获取，信息不对称难以消除。这些痛点一直制约着信贷行业的发展，使风险控制效果和成本控制很难大幅提升。

而智能风控可以覆盖包括贷前、贷中和贷后3个阶段的信贷业务全流程，依托智能化技术与传统风控模型互补，对客户风险进行更及时有效的识别、预警、防识，同时实现全链条自动化、智能化（图2-18）。

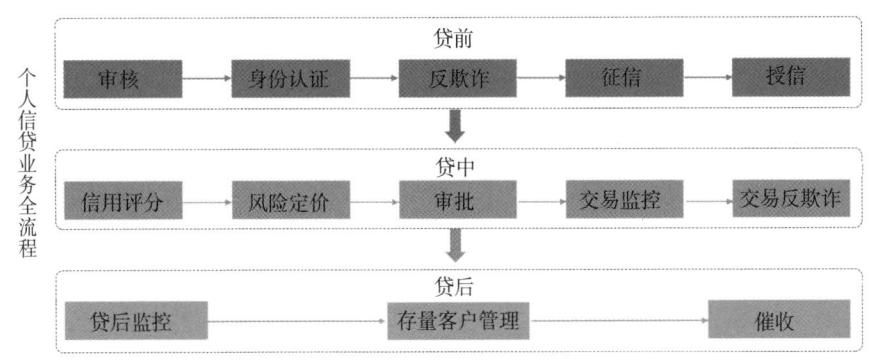

图2-18　智能风控渗透信贷业务全流程

（1）贷前

信贷风控旨在解决信息不对称，首先体现在贷前的信息收集和整合过程，收集和整合信息越充分，越有利于信贷审核及做出正确决策。

贷前风控是整个信贷流程的基础，直接影响信贷业务质量。智能化手段通过线上线下结合，将非结构化数据建立联系，利用机器代替人工，消除主观判断带来的二次风险，实现自动化的同时降低成本，提高效率。

贷前风险控制主要包括审核、身份认证、反欺诈、征信和授信五大环节，下面从反欺诈和征信两个流程深入分析智能风控的技术实现和落地应用（表2-1）。

表 2-1　贷前风控五大环节

审核	身份认证	反欺诈	征信	授信
传统贷前审核依赖人工审核和专家经验，在特征工程上重劳力，而当下高维、非结构化、高度分散的数据环境下，知识图谱等技术的应用可以加速筛选，甚至完全实现自动化审核和评估，有效减少风险	传统线下身份认证依据提供的身份资料进行实名制认证，随着线上信贷业务的发展，传统的认证方式不能满足于互联网环境要求，因此基于生物识别等技术模型的应用，实现身份自动化识别并实现精准拦截	贷前欺诈主要是案件欺诈。集团化和规模化欺诈案件很难利用人工实现规避。通过大数据融合，基于高纬度变量和丰富应用场景构建反欺诈模型，同时动态优化反欺诈规则，提高欺诈案件识别率	按一定规则合法采集企业和个人的信用信息，加工整理形成个人的信用报告等征信产品。随着大数据征信与央行征信不断融合，数据来源正在以多元性、完整性和高可获得性为目标发展	依据征信信息，信贷机构为借贷人提供信用担保，按期限分为短期授信和中长期授信，结合维度相对完整的征信数据，授信流程实现自动化、便捷化和差异化

1) 反欺诈

目前，信贷业务的风险主要集中在欺诈案件，据中国银行业协会发布的《中国银行卡产业发展蓝皮书》统计，2017年信用卡欺诈率为1.36个BP（万分之一），最主要的欺诈手段有3种：电信诈骗、互联网欺诈和伪卡。欺诈过程呈现出集团化、规模化和专业化等特点。

随着线上业务的发展，欺诈案件呈爆发式增长。面对各种贷前申请中的欺诈案件，完善贷前反欺诈措施成为金融机构待解决的核心问题。目前已有很多金融机构选择和上游数据供应商或第三方智能反欺诈机构合作，通过金融机构内部数据和第三方数据融合，基于高维度变量和丰富应用场景，构建反欺诈模型（图2-19）。同时利用大数据、机器学习等技术动态优化反欺诈规则，提高欺诈案件识别率，实现数据和技术的互补。

2) 征信

征信信息的缺失成为中国信贷发展的短板，信用风险也随之而来。以央行征信为代表，传统征信机构主要采集、加工和使用线下渠道数据为主进行信息共享，以便授信机构掌握贷款申请人的历史贷款申请、批准、使用和归还情况。

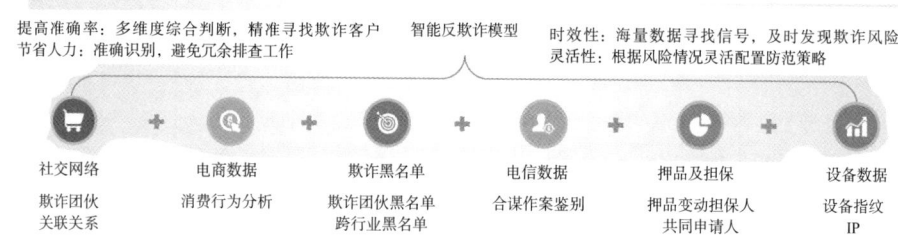

图 2-19　智能反欺诈模型

随着大数据的发展，征信数据所包含的领域和来源越来越广，大量个人征信数据可被采集，与传统个人征信数据互补，有效提升了数据的多元性和可获得性，满足了网络借贷的个人征信需求（表 2-2）。

表 2-2　传统征信与大数据征信的区别

传统个人征信	大数据征信
覆盖有记录人群，客群有限；传统征信的数据来源单一、采集频率低；人工审核流程和周期较长；数据孤岛导致信息长期不对称	通过大数据技术捕获传统征信没有覆盖到的人群，满足了没有进入征信范畴但有借贷需求的人群；数据维度广，有利于全面评估信息主体信用风险；应用场景丰富，信用评估时效性高，减少信息不对称
基本信息（身份、居住、职业等）、历史信贷信息（银行流水、个人贷款、信用卡、担保等）、非银行信息（电信、税等）、公共信息（社保、住房公积金、行政处罚等）、查询信息	社交数据、司法数据、社会行为、搜索数据、电商数据、线下消费行为

我国的征信体系建设源于信贷征信，个人征信体系制度伴随着信贷规模的增长开始逐步建立。目前，已经形成以中国人民银行的公共信用信息征集系统为主、市场化征信机构为辅的多元化格局。截至 2019 年 6 月底，央行征信系统收录自然人 9.9 亿人，央行征信系统的覆盖率已经达到 73%。

在大数据时代，征信的概念和范围不断拓宽，银行业金融机构和非银行信贷服务机构间的数据会趋于融合，以数据完整性为目标，为征信企业的发展、合规提供有利条件。

(2) 贷中

贷中风险管理能够实现对在线交易进行仿冒和欺诈识别，对借款人进行实时管控，有效防范和控制欺诈交易等贷中风险威胁。实时监控的依据来源于实时监测的渠道数据，由于互联网数据具有更新周期短、反馈及时等优点，因此大数据接入可以协助借贷方实现动态监控、异常行为预警（多头借贷行为监控、还款能力指标异常预警及还款意愿交叉识别）等风控管理流程。

智能化手段可以通过梳理以借款人为核心关系的人际关系网络进行风险判定。通过对借款人的交易行为、还款行为、设备使用行为等各方面关键信息项的交叉侦测，提前发现风险，进行预警并对借款人账户进行实时管控。

贷中风险控制主要包括信用评分、风险定价、审批、交易监控和交易反欺诈五大环节，下面从信用评分、交易监控和交易反欺诈3个流程深入分析智能风控的技术实现和落地应用（表2-3）。

表2-3 贷中风控流程

信用评分	风险定价	审批	交易监控	交易反欺诈
以一套相关的指标体系为参考基础，标识出个人偿付贷款能力和意愿的过程，传统金融机构使用FICO评分衡量用户信用风险，随着大数据对征信体系的补充，信用评分模型实现差异化	通过放贷成本与风险利差建立风险定位体系，传统风险定价主要参考征信、流水等线下数据，而智能化手段应用可以实现线上线下相结合、个性化定价，提升边际效益	依据借款人信息、放贷机构的贷前审查意见和信用预告等资料决策是否放款。智能审批可以综合前面流程中的多维数据、差异化定价模型实现自动化审批，节省时间，解放人力	对贷款流程中潜在或者已经发生的风险进行监控，预防坏账和交易欺诈。传统的交易监控依赖于人工，更新周期长，信息延迟导致决策失误，智能化交易监控可以实现实时监控反馈，即时调整风控策略，优化模型，防控风险	交易欺诈是针对信贷业务发生的第三方欺诈，以往交易反欺诈系统由于数据库技术限制，只能实现事后风险识别和管控，时效性差。利用机器学习等技术构建反欺诈模型，可以识别可疑交易、降低欺诈损失

1）信用评分

由于个人征信信息涉及隐私，因此用于借贷机构使用的通常是处理掉敏感信息的评分和等级报告。传统的信用评分卡起源于美国FICO信用分，而当具体应用在中国金融环境中时，FICO还是会出现一些问题，如数据的准确性、模型的适用性、应用领域的局限性，过分忽略低得分人群，会催生恶意信贷的发生。

机器学习算法可以将数据库中的数据拆分为两部分，分别用来训练模型和预测估计，将数据按照分布映射成高维度的特征数据，通过对评分卡模型的训练，将复杂的模型权重用符合信贷业务标准的分数表示。

国内个人信用评分产品在FICO模型的基础上进行了本土化演变，依托大数据平台，以征信记录为基本点，同时加入行为偏好、履约能力、身份特质、人脉关系等维度，根据贷款发放后实际情况不断调整评分卡系统，规避基于评审经验带来的风险，可以有效提高审批效率、降低贷款风险，具有高时效、低风险、低成本的优势，甚至为风险定价提供依据。

2）实时监控及反欺诈

传统信贷风控对于贷中的监控和反欺诈管理较弱，依赖人工往往无法解决风险的实时抓取导致风险后置。发生在贷中的交易反欺诈区别于申请反欺诈，核心能力体现为能否及时识别风险的发生并对交易进行拦截。

基于机器学习技术，信贷业务端可以构建针对业务信息中的欺诈特征与风险的自动化识别与评估，通过关联各类数据中的机构关系，自动发现新的欺诈模式，为不同场景提供反欺诈模型。

在交易过程中，数亿节点的复杂网络通过风险分团和全风险特征提取，基于企业规则和集成学习模型，驱动模型迭代优化，实现信贷业务流程中的实时风险精准监控，及时拦截交易欺诈行为，助力金融机构高效、及时的智能化风控管控决策。

(3) 贷后

作为信贷管理的最终环节，确保贷款安全、案件防控和业务管理质量往往取决于贷后风控的精细化程度。针对有逾期征兆或者行为的客户进行管理、识别和催收,以往的贷后风控措施依赖于人工操作,成本高回报小,因此很多信贷机构在贷后布局投入较小。

利用机器学习处理多维弱变量数据,可以精准估计违约风险,制定风险管理策略、风险偏好、风险限额和风险管理政策和程序,通过自动监控策略执行情况及时优化调整,提升业务端风险管理体系的有效性,打造信贷风控闭环。相比贷前调查和准入手段的更新,贷后管理虽然目前在各类金融机构还未得到行之有效的应用效果,但是加强贷后管理,有效防范和控制贷后环节风险,会成为促进信贷业务持续健康发展的必要因素。

贷后风险控制主要包括贷后监控、存量客户管理和催收三大环节,下面从贷后全流程深入分析智能风控的技术实现和落地应用(表2-4)。

表2-4 贷后风控流程

贷后监控	存量客户管理	催收
从贷款发放后到本息收回或信用结束的信贷监控行为:通过扫描借款人新增风险,帮助贷款机构动态监控借款人信息变更,及时发现不利于贷款及时归还的问题,调整相应催收策略,解决坏账隐患	存量客户既包括当前未结清的借款人,也包括已结清贷款账户的历史客户。经营存款客户和贷款之间的交叉营销,是金融机构常见的管理过程,其主要核心目标是提高客户价值	逾期贷款回收的一种方式,通常把逾期M3+定义为不良,M6+定义为坏账。传统金融机构的催收分为内催收和委外催收,成本高、效果差,智能技术有望赋能催收产业实现智能化、科技化、合规化

1)贷后监控

贷后管理的重要性大于控制,通过对用户进行贷后监控,可以第一时间了解用户动态,对贷款的风险状况做出及时判断,制定应对风险的措施。

信贷行业的监控管理水平随着数据的完善得以提高。例如,生物特征识别等技术不断完善,将在未来帮助金融机构和监管部门实现在公共安全领域的精确搜索,解决失信黑名单的失联问题;基于大数据技术将时空数据、地理数据和登记信息建立联系，通过模型算法管理借贷人，及时预警潜在坏账和失联用户。

通过监测，对客户的风险程度进行评分，采取不同的客户管理措施，同时对风险极高的用户及时采取催收手段，通过多维数据锁定借贷人，利用差异化催收策略进行贷后催收。

2）存量客户管理

人口红利消失、获客成本持续上升意味着存量客户的开拓将成为企业竞争发力点，尽管"盘活存量"的概念常被提及，但信贷供应的关注焦点仍主要集中在信贷的增量和增速上。随着信贷规模持续增长，存量基数逐年增大，为了适应经济提质增效对金融服务的新要求，需要推动信贷经营从"重增量"向"增量与存量并重"转变。

对于传统金融机构，存量管理的资源配置效率高于增量管理模式。例如，工商银行2018年上半年新投放信贷总量1.68万亿元，其中贷款存量到期收回移位再贷1.05亿元，占比62.5%，相比2015年的同期数据63.75%反而略有下降，说明增量结构优化作用空间拓宽，传统金融机构需要加大投入深化存量与增量并轨管理。

营销是激活存量客户手段之一。随着数据维度不断丰富，应用场景不断增多，位置数据等移动数据日趋丰富，智能营销时代已经到来。平安集团旗下金融科技子公司——金融壹账通布局的"未来银行人工智能＋营销"解决方案，以人工智能为核心，将大数据、生物识别等先进技术与银行业务流程融合，通过全流程智能化改造，推动银行存量客户激活等能力的提升。根据公开资料显示，该方案应用于乐山市商业银行，银行整体客户活跃度提升50%以上，沉睡客户唤回率平均提升3～5倍以上。

3）催收

贷后催收主要是针对逾期还款催收，传统的催收环节基本依靠线下，大规模的催收团队成本高、效率低，甚至还存在不合规现象。逾期催收的难点在于，不同逾期时段的催收成功率和重点差距较大。企业的催收能力主要体现在两个方面：失联修复的能力和命中率、催收话术和催收策略（表 2-5）。

表 2-5　传统催收与智能催收对比

传统催收	催收人员情绪和话术管理无法标准化，通过主观因素无法规避所有潜在问题；在合规前提下，传统催收模式成本会一直上升；足够的人力虽然可以解决审查的覆盖需求，但庞大的人力管理需要耗费大量精力；审核之后无法系统地设计，需要业务人员核对，对违规行为的监管性差
智能催收	自然语言处理技术可以实现文字、语音和关键字的识别，节省大量人工成本；可以实现实时监控，覆盖率近 100%，节约人工成本和时间成本，实现自动化；生物特征识别可以实现用户的情绪识别，选择合适的催收策略和话术；用户根据贷前、贷中数据，细化用户画像，对逾期用户的催收评分，实现差异化催收

互联网借贷逾期率较高，逾期体量较大，对催收的需求呈几何倍增长，借助大数据和人工智能等技术赋能催收产业，贷后催收逐步实现智能化、科技化、合规化。

智能催收系统可以完成数据分析、筛选及判断，为风险预警提供策略，更好地识别和评估风险，使催收决策科学化、自动化，针对不同客户风险程度组合不同催收手段，节省人力成本，提高工作效率，同时优化贷前和贷中风控策略，实现个人信贷业务链条串联。

目前，已有一些市场化智能化催收产品的应用效果已经得到了业内的认可，如逾期客户画像、催收评分等，这一系列产品主要应用数据挖掘和统计学方法，以决策树、神经网络和评分结果展示为主要模型，根据不同规则将个人信贷催收管理模式精细化为：按照逾期时间增加催收力度，按照业务规则细分客户和按照催收评分细分客户，选择差异化催收策略。在催收手段的使用方式上，目前催收政策已经采取了如电话催收、短信催收、上门催收、信函催收等多元手段，配合催收策略进行调整（表 2-6）。

表 2-6　智能催收功能

逾期客户画像	明晰催收对象情况，多维度画像数据，精确勾勒逾期客户还款能力与意愿的相关情况并精准量化
催收评分	评估对象催收维度，融合金额、账龄、地域等多维度信息建模评分系统，对债务还款可能性进行综合评估
分单策略	根据催收评分，结合系统总催收人员能力制定分单策略，对案件进行合理分配，提升催收效果
轮循拨号	友好自动拨号，对于高频简单的催收案件，采用试触式轮循拨打，减少人工操作，缩短拨打间隔，有效提升催收效率
失联催收	跟踪关注类用户轨迹，适时预警，并在逾期失联后以恰当方式进行催收

随着数据体量累积和技术的更新迭代，未来催收产品会从劳动密集型向技术密集型转变，以大数据和人工智能为驱动，继续向标准化、精细化、透明化、工具化和系统化的方向发展。

3. 风险投资对智能风控的支持

智能风控产业快速发展离不开行业政策指引，我国政府高度重视智能金融，尤其是在运用人工智能技术实现金融风险高效、精准控制等方面，先后出台了一系列政策促进智能风控的合理、快速发展（表 2-7）。

表 2-7　智能风控领域主要政策文件及官方报告

发文时间	政策主题	发文单位	主要内容
2018 年 9 月	中国普惠金融发展情况报告	银保监会	运用互联网、大数据、云计算等金融科技手段，发展数字普惠金融。突出抓好普惠金融供给体系、产品服务体系、政策环境支撑体系、风险防范和监管体系、消费者教育保护体系等五大体系建设，不断拓展普惠金融服务的广度与深度，统筹实现"普"和"惠"的双重目标

续表

发文时间	政策主题	发文单位	主要内容
2018年6月	中国区域金融运行报告	中国人民银行	充分发挥窗口指导和信贷政策的结构引导作用，多措并举缓解小微企业融资难融资贵难题。随着科技进步，银行、消费金融公司和新兴消费金融机构越来越重视应用"技术+数据"进行风险管理，改变了传统以人为主的风控模式，更多借助于全面多维度的数据、通过模型自动甄别分析、实时计算结果，打好防范化解重大金融风险攻坚战，把握好结构性去杠杆的力度和节奏，守住不发生系统性金融风险的底线
2018年5月	银行业金融机构数据治理指引	银保监会	银行业金融机构应当将数据应用嵌入到业务经营、风险管理和内部控制的全流程，持续完善风险管理办法，有效识别、计量、评估、监测、报告和控制各类风险，优化业务流程，监控执行情况并实施优化调整，提升风险管理体系的有效性，实现数据驱动银行发展
2018年3月	2018年政府工作报告	国务院	加快金融体制改革，改革完善金融服务体系，支持金融机构扩展普惠金融业务，规范发展地方性中小金融机构，着力解决小微企业融资贷款难的问题；加强金融机构风险内控，健全对影子银行、互联网金融、金融控股公司等的监管
2017年12月	小额贷款公司网络小额贷款业务风险专项整治实施方案	银监会	规范网络小额贷款经营行为，完善经营规则和监管机制，实现监管全面覆盖和风险有效防控。排查企业是否建立较为完善的网络小额贷款风险控制体系；与第三方机构合作开展贷款业务的，是否外包授信审查、风险控制等核心业务，严厉整治小额贷款公司网络小额贷款业务
2017年7月	2017年全国金融工作会议	国务院	在金融监管协调化的背景下，下半年国内市场仍将以"控风险、去杠杆"为主基调
2017年6月	中国金融业信息技术"十三五"发展规划	中国人民银行	统筹推进金融统计、征信、反洗钱、国库等全国性公共金融信息基础设施建设。积极推动新技术应用，如区块链、人工智能的应用研究等，加强金融科技和监管科技研究和应用，规范及普及互联网金融相关技术应用

续表

发文时间	政策主题	发文单位	主要内容
2017年4月	关于银行业风险防控工作的指导意见	银监会	银行业金融机构要严格落实信贷及类信贷资产的分类标准和操作流程，建立健全信用风险预警体系；同时加强统一授信、统一管理、加强风险授信审查；持续推进网络借贷平台（网贷）风险专项整治
2016年8月	网络借贷信息中介机构业务活动管理暂行办法	中国银监会、工业和信息化部、公安部、国家互联网信息办公室	网络借贷信息中介机构应当按照国家网络安全相关规定和国家信息安全登记保护制度的要求，建立信息科技管理、科技风险管理和科技审计有关制度，保护出借人与借款人的信息安全
2016年7月	"十三五"国家科技创新规划	国务院	完善科技与金融结合机制，形成各类金融工具协同融合的金融科技生态。引导银行等金融机构创新信贷产品与金融服务，提高信贷支持创新的灵活性和便利性，支持民营银行面向中小微企业创新需求的金融产品创新

行业政策助推智能风控产业迅速发展，据亿欧智库数据显示，截至2018年第一季度，我国拥有567家金融风控企业，其中超过70%的企业成立于2013—2018年，在2015年新增企业数目达到峰值——148家，而随着2016年开始逐步落实的严格监管政策，智能风控甚至金融科技的新增企业数量开始回落。2018年上半年，仅有5家智能风控新增企业（图2-20）。

从地域分布看，573家企业分布在25个省（市），其中北京、上海和广东3地占比高达68.1%，企业数排名前五的城市有北京（185家）、上海（128家）、深圳（62家）、杭州（49家）和广州（15家）。

金融智能风控企业融资情况良好。2012年，A轮阶段的获投企业占比为85.7%，随着新增企业不断入局，2017年这一比例仍然保持在50%。由于金融科技发展时间较短，实际落地时间不长，因此可以看到进入到中后期阶段（B轮及以后）的企业数量占比均不在高位，在2018年第一季度的数据中，首次出现中后期投资占比超过前期投资占比，约占到六成。

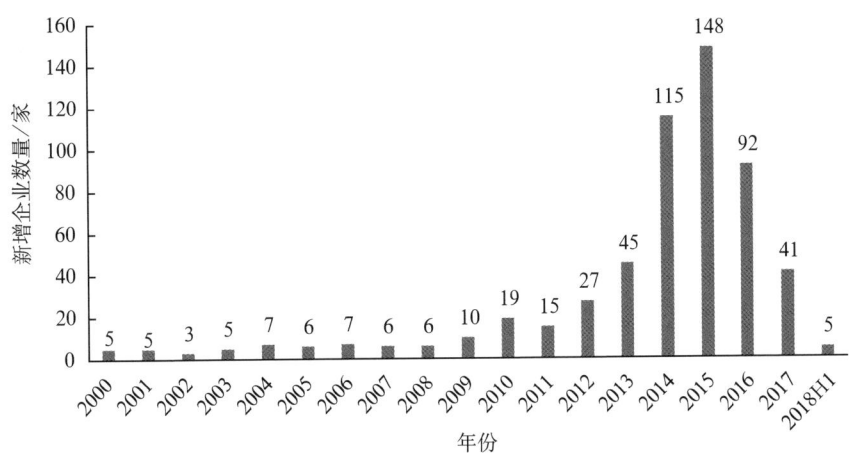

图 2-20　中国历年金融智能风控新增企业数量
（资料来源：亿欧智库）

投资金额从 2014 年开始出现大幅增长，2017 年投资频次出现了小幅回落，2018 年第一季度，单笔平均投资额达到历史最高 5.49 亿元（图 2-21）。

在 192 家获得投资的金融智能风控企业中，有 43.2% 的企业获得 1 次投资，27.1% 的企业获得 2 次投资，12.5% 的企业获得 3 次投资，获得 4 次及以上投资的企业仅有 17.2%（表 2-8）。获投 7 次的企业是：金电联行和点融网。其中获投 6 次的企业是：微贷网、成都数联铭品、闪银奇异与和信贷。从投资数量看，人民币投资事件占比 78%，共 323 起；从投资金额看，人民币基金投资金额 585 亿元，占比 58%。

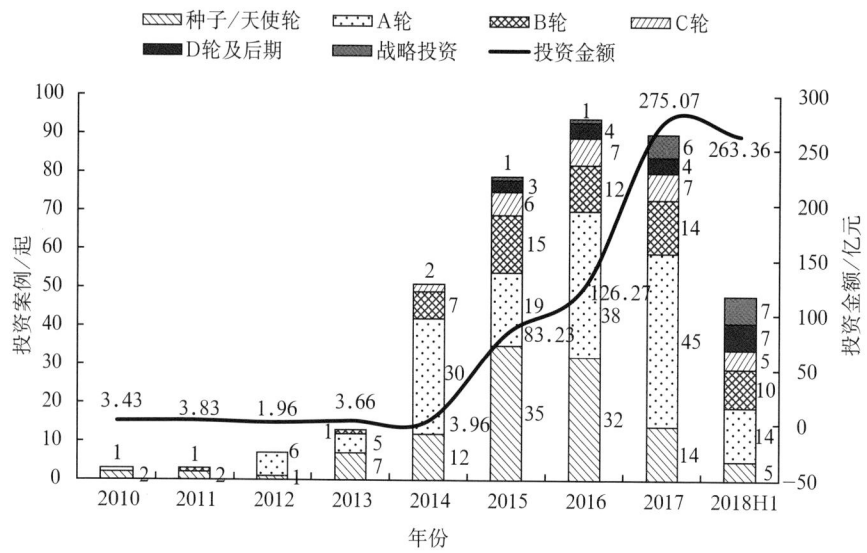

图 2-21　中国金融智能风控私募股权投资市场情况

(资料来源：亿欧智库)

注：H1 表示第一季度。

表 2-8　中国智能金融风控企业获投次数分布

获投次数／次	企业数量／家
1	83
2	52
3	24
4	16
5	11
6	4
7	2

资料来源：亿欧智库。

4. 案例　某金融公司 AI 风控体系

某金融公司定位于服务金融行业的数字科技公司——以数据为基础、以技术为手段，服务整个金融行业，帮助金融行业提高效率、降低成本、增加收入。某金融公司 95% 的业务是通过机器自动化、智能化的方式来实现，并且一半以上员工都是从事数据、研发、技术的相关工作。

2017年7月上旬，某金融公司获得了"金融界奥斯卡"《亚洲银行家》颁发的国际风险管理行业成就大奖——年度信贷风控技术实施奖，作为2017年国内唯一一家获得此项殊荣的科技公司，某金融公司的风控能力得到了国际上的权威认可。

风控是金融科技的典型应用场景。在多维、海量、动态的数据基础上，某金融公司实现了人工智能、生物识别、深度学习、图像识别、云计算和区块链等领先技术的创新，并应用到了风险模型、量化运营、用户洞察、企业征信、智能投顾等各个与金融相关的领域中，最终将这些能力投放到广阔的产品层与业务层，如电商交易、线下支付、财富管理、小微信贷、消费金融、众筹、保险、量化指数、ABS平台等。

(1) 大数据技术及其应用

大数据已经成了某金融公司保持业务稳定增长的根基。某金融公司的数据来源主要包含两个层面，一是内部数据，二是通过投资合作获取的外部数据。目前，某金融公司每年在数据方面的投入资金已经达到9位数。

从内部来看，某金融公司拥有近两亿的活跃用户、几十万的供应商和合作伙伴、强大的线下物流体系，以及10余年积累下来的来自用户、供应商、物流、产品等多个维度的结构化数据，以及数千个弱相关变量信息。

为了持续强化自身能力，某金融公司还在通过购买、投资及合作等多种方式从外部获取数据，如投资了很多大数据开发及应用公司（如数库、聚合数据）。截至2017年6月，已经搭建了以数据为驱动的风控体系，子模型100多个，模型变量则达到3万多。

由于自己拥有大量的应用场景，这就使得某金融公司的模型更标准化，在数据源、数据基础和数据应用上已经形成了一个良性循环。

依靠以上强大的数据和技术能力，某金融公司搭建起了以安全魔方为核心的包括云图系统、高维反欺诈模型、大规模图计算框架、风险画像、深度学习能力、生物探针等技术在内的一整套完整的风控体系。

（2）安全魔方

某金融公司依托庞大的用户和交易量数据及关联外部合作伙伴数据资源，结合"双11""618"等大型活动实战经验，通过多维度建模形成了安全魔方产品，能够实现对申请欺诈、信用欺诈、账户盗用、洗钱、羊毛党、虚假交易等行为的有效防范。安全魔方结合了10万亿以上节点的并行图计算技术、机器学习模型等领先技术、百万量级的欺诈名单、亿级用户的风险画像、亿级设备指纹库积累，具备超强的稳定性。这种能力已经在京东支付、白条、众筹、企业信贷等多个业务场景得到实战验证。

基于生物探针、人脸识别、风险决策引擎、风险数据洞察系统、社群探测、机器学习等技术，安全魔方构建了智盾、智真、智数、智策、智慧5个子模块，对业务各个环节的风控场景实现全覆盖。

"智盾"利用生物探针、人脸识别、设备认证等技术手段，构建了包括设备识别、人机识别和生物识别在内的全方位安全体系，对用户进行风险识别、验证与处置，像盾牌一样，将"不法分子"抵挡在外。

"智真"则提供的是基于大数据驱动的身份、设备、地址等申请信息的验证服务。

"智数"则用于识别用户风险等级。

"智策"则是全流程风控系统的核心，基于某金融公司的风险决策引擎、风险数据洞察系统、社群探测等技术，提高合作机构的风险防控能力，加强风险识别效果。

"智慧"代表的是安全魔方所提供的机器学习平台与建模解决方案，包括特征工程、模型训练、模型评估等。某金融公司自主研发的RNN时间序列算法可通过分析用户浏览网页的轨迹和操作，判定风险情况，对于风险用户识别的准确率可以超过常规机器学习算法的3倍以上。这一算法研究已经被欧洲机器学习会议PKDD 2017收录，获得了国际上权威的认可。

除了给某商城的金融业务提供技术支持外,某金融公司更是将风控解决方案输出给其他金融企业。目前,安全魔方已经为工商银行、大连银行等多家银行客户提供了较好的风控解决方案。

(3) 反欺诈识别模型之两大算法

除安全魔方以外,某金融公司还研发了搭载人工智能技术的反欺诈识别模型,该模型主要应用了图谱网络与路径学习两大算法(图 2-22)。

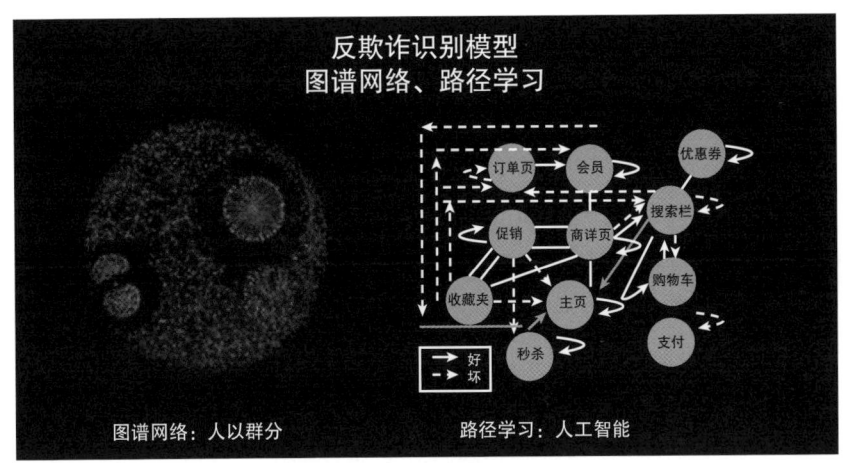

图 2-22 反欺诈识别模型

图 2-22 左侧是基于大规模图计算的涉黑群体的挖掘技术即图谱算法,该算法本质上是指物以类聚、人以群分。某金融公司通过大数据分析发现,很多客户在购物的时候,IP 地址、浏览地址、电话号码都是相关联的,这就构建出了多层次的关联关系。例如,当你抓住一个坏客户的时候,与他关联的一群客户就都能抓起来;当发现一个人账户受到损失的时候,他周围一群人的损失就能提前避免。

图 2-22 右侧是路径的轨迹学习,该算法是通过判断正常用户和异常行为用户浏览点击的不同轨迹,以及他们对于页面产生的不同反应,来进行好坏用户的相应判断。图中实线代表好人,虚线代表坏人。在用户使用京东商城的过程中,

京东能够追踪用户从订单页到互联页，或者从互联页到订单页的行为，进行技术预测。例如，有些用户在"618"期间到某商城购物，他会先看看优惠券，再去看商品，这种先后顺序代表着用户潜在的正常购买行为，据此通过技术预测就可以对一个好人进行识别；反之，坏人的路径和好人是不一样的，例如当一个账户被人接管或者被盗用的时候，使用者会首先查看账户余额，然后立刻采取转账行为，将余额转换成金条或者 iPhone 等可以立即变现的商品。通过某金融公司算法和人工智能技术，智能风控体系就可以识别出好人与坏人，实现反欺诈。在打击黑产方面，仅 2016 年 12 月以来，此金融风控打黑项目团队共推动和深度配合各地公安机关破获网络黑产案件 29 起，打掉黑产团伙 13 个，抓获犯罪嫌疑人 118 人，避免用户损失上亿元。

第四节 智能投研

1. 智能投研的现状

对于资金管理领域来说，面对 B 端机构的智能投研和面对 C 端用户的智能投顾将是未来制胜的关键工具。智能投研作为新兴赛道，仍处于民众认知建立阶段。

智能投研是指在金融大数据的支撑基础上，通过深度学习、自然语言处理等人工智能方法，对数据、时间、结论等信息进行自动化处理和分析，为金融机构的专业人士（如分析师、基金经理、投资人等）提供投资研究帮助，提高其工作效率和分析能力。作为智能金融的重要应用场景，由于受众专业、技术难度较高，智能投研在全球范围内仍然处于早期探索阶段。

关于智能投研内涵至今没有形成共识，狭义的智能投研是指人工智能在投资研究上的应用，即通过人工智能技术拓宽投资信息来源，提高获取信息的及时性，减少基础数据处理的工作量，通过自动化的数据分析，为投资决策提供参考，从而提高投资研究的效率。

广义的智能投研是指人工智能在资本市场相关领域的应用。从使用者的角度来看，智能投研的受众包括各种类型的投资者（俗称买方）、券商（卖方）、监管机构、银行和财经媒体等；从投资的标的来看，覆盖一级市场公司、股票、债券和外汇等。人工智能在投资研究领域涉及业务的各个环节，包括研究、投资、交易和风险管理等。

人工智能技术的应用，促使金融机构优化、革新传统投研流程与环节，解放大量基础性耗时工作，如信息搜集、数据整理等。另外，通过结构化、模型化的处理方式，提升金融市场海量原始数据的效用和价值。

（1）数据获取、处理和应用

数据是智能投研的基础，覆盖了智能投研的整个产业链或者说整个流程。独立的智能投研公司业务重点在数据处理环节，而与投资交易直接挂钩的智能投研由投资机构自己搭建为主，同时会采购外部第三方的数据和服务，再进行内部整合（图2-23）。

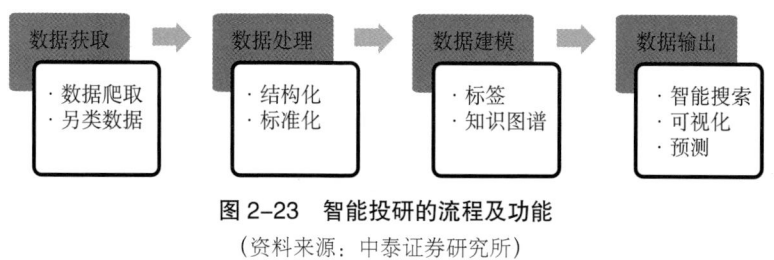

图 2-23　智能投研的流程及功能

（资料来源：中泰证券研究所）

（2）数据源

投资研究业务的数据来源主要有三大类，第一类是传统数据，即金融行业本身已经存在大量标准化的数据，包括公司财务数据、公司公告、交易数据、宏观数据、行业数据、券商研报等，这些数据主要由金融数据公司进行整合。第二类是爬虫数据，采用爬虫软件从互联网网站上爬取。相比传统数据，这些数据的颗粒度更细，数据来源主要是地方政府网站、监管部门网站、社交网站、媒体网站等。第三类是另类数据，主要是指通过智能设备采集的数据，包括卫星图片、天气数据等，更多的是通过个人移动终端采集各种数据。

(3) 数据采集与标准化

数据的采集和标准化工作是智能投研的核心业务之一。通过数据抓取工具、核查工具及产业链图谱等工具对数据进行采集、处理和标准化。数据抓取工具直接对客户开放基础功能，应用于标准化金融文本的关键信息摘取；核查工具对有明确规则的金融文本提供自动核查，包括核对财务数据；产业链图谱工具通过对已经采集的数据打标签并建立起标签之间的关系，细分行业类别，展现产业链上下游、竞争对手、股权投资等关系，寻找潜在的投资标的或发现潜在的风险传导路径。

(4) 数据需求方和应用场景

数据的需求方大致有4种类型。第一类是券商投行部、互联网金融部及投行部，分别应用于提交文件的审核与项目寻找、APP智能投顾功能的底层支持、报告的质控检查、信息搜索与公告数据提取。第二类是投资机构，其中一级市场投资者将智能投研应用于监控竞争对手与找项目，而二级市场投资者则通过智能投研进行获得量化投资的策略因子、资产组合的监控及风险预警。第三类是证监会与交易所，智能投研被用于标准金融文本的审核、信息披露的监控等监管科技范畴。第四类是其他企业或者组织，智能投研被用于银行的小微企业信贷风控、潜在客户的发掘、企业合作伙伴的寻找等。

(5) 智能投研行业的参与者

对于传统的金融数据服务商而言，智能投研可以提升数据采集的自动化程度，增加数据功能模块。彭博、汤森路透是全球市场占有率较高的量价金融数据公司，其优势在于数据全、颗粒度细、服务好，但价格比较高。商业模式也较为类似，除了提供数据终端之外，也是财经媒体。

在细分市场领域，Captital IQ、Factset、Morning Star 与头部公司形成一定的差异化竞争，在细分领域上做更深的数据挖掘和加工，且价格相对便宜。

国内金融数据服务市场的集中率更高，主要集中在万得（Wind）、东方财富、同花顺及恒生聚源数据服务。

智能投研领域有大量的创业公司进入，创业团队一般都具有人工智能的技术背景和金融行业的从业经历。根据不同的团队基因，每家公司的切入角度有所不同（表2-9）。

表2-9 智能投研相关创业公司融资事件

时间	公司	轮次	融资金额	投资方
2019年3月	虎博科技	A轮	3300万美元	PAC、宜信新金融产业投资基金和高榕资本
2018年12月	阿博茨科技	B轮	3000万美元	Mindworks、概念资本、SIG海纳亚洲及启明创投
2018年11月	熵简科技	A轮	数千美元	小米领投，嘉实投资及老股东清泉资本跟投
2018年10月	香侬科技	A轮	1.1亿元	红杉中国领投
2018年10月	阿法金融	A轮	数千万元	蚂蚁金服领投、线性资本跟投
2018年7月	宽拓科技	A+轮	数千万元	领沨资本领投、首轮融资独家投资方将门创投跟投
2018年3月	百观科技	Pre-A轮	数百万美元	华创资本领投

互联网科技公司具有明显的数据优势，通过提供独家因子给量化投资基金的方式迅速占领市场。如蚂蚁金服在底层通用技术的研发应用，包括人脸识别技术、图像识别技术、自然语言处理等，向泛金融场景提供包括智能客服、智能营销、智能推送、智能定损、安全风控等服务。从整个资产管理行业来看，蚂蚁金服在获客、客户运营方面有优势，为资产管理全流程提供独家的影子。

投资机构通常会向外部第三方机构采购标准模块，叠加投资机构内部投资策略和交易执行等功能，构建适合的投研系统。在国外，智能投研应用较为普遍，由于成熟的金融市场有充足的投资工具，且积累了大量的历史数据，部分人工智能管理的基金取得了超过基准业绩的超额收益。而国内资本市场仍处于发展早期阶段，历史数据和交易工具比较缺乏，前几年推出的大数据基金并未取得理想的业绩。当前，部分公募基金也在探索智能投研的应用，如嘉实基金、天弘基金、富国基金、华夏基金等。

2. 与传统投资研究比较

智能投研与传统投研的差异可以按照投资研究的一般步骤进行分析。

首先，数据来源不同。传统投研的研究数据一般是传统的金融数据，包括宏观数据、行业数据及公司数据等；智能投研的数据来源则要更加广泛，包括舆情数据、社交数据、卫星数据等。

其次，数据获取方式不同。传统投研是通过手动搜集的方式从各种渠道获取数据，而且数据库一般是结构化的；而智能投研则是通过网络爬虫及人工智能算法进行自动搜集，并且可以将非结构化的数据结构化。

再次，数据处理方式不同。传统投研中，研究人员需要基于自身的知识储备，利用个人的分析能力手动处理数据；智能投研的数据则是基于自然语言处理、知识图谱等人工智能技术进行自动化的分析，思考维度更加全面，推理逻辑也更加稳定，而且其数据处理的速度与可同时处理的数据量与传统投研也不在同一级别。

最后，研究结论的呈现方式不同。研究报告是传统投研的最终呈现形式，且由研究人员撰写完成；而智能投研的研究结论可以通过智能搜索引擎、智能问答或者智能研报等多种形式呈现，结论的呈现更具针对性，可以避免其他信息的干扰，让使用者可以更加快速高效的获取研究结论（表2-10）。

表2-10 智能投研与传统投研的区别

项目	传统投研	智能投研
数据来源	传统金融数据，包括宏观数据、行业数据及公司数据	广泛的数据来源，包括舆情数据、社交数据及卫星数据
数据获取方式	手动搜集；结构化数据	网络爬虫及人工智能算法自动搜集；将非结构化的数据结构化

续表

项目	传统投研	智能投研
数据处理方式	手动处理；依靠个人能力；数据量小	自动化分析；利用自然语言处理、知识图谱等技术；数据量巨大
研究结论呈现方式	研究人员撰写研究报告	智能搜索引擎、智能问答或者智能研报

3. 智能投研所需技术体系

智能投研应用的人工智能技术主要包括图像识别、自然语言处理、情感分析及知识图谱等。图像识别技术对图像中印刷或者手写的文字进行识别，输出可以编辑的文档格式；自然语言处理和情感分析技术对文本进行结构化处理，变成机器可读的数据；然后结合专家知识和机器学习等算法，建立数据之间的关系网络，实现一定程度分析功能。

(1) 自然语言处理

自然语言处理（NLP）就是将复杂的人类自然交流的语言转化成标准化的计算机语言。自然语言处理包括两个部分，一是自然语言理解（NLU），使计算机理解人类的语言，二是自然语言生成（NLG），把计算机运算的结果以人类自然语言的形式呈现。自然语言理解包括4个层面：词典构造、语法分析、语义分析及篇章分析。

第一个层面是词典构造，这是自然语言处理的第一个步骤，即需要构造包含尽量多的语法信息、语义信息、语用信息等的机器语言词典，将其作为构建自然语言理解平台的基础。

第二个层面是语法分析，是指对自然语言进行表层的形式化分析，包括词法分析和句法分析两部分。词法分析是将自然语言进行切分，并将每个切分的词加上磁性标记，它是语法分析的基础；句法分析是将句子的词语序列设定为句法成分的层次结构。

第三个层面是语义分析，是指在语法分析的基础上理清句子的语义结构关系，对整个句子的语义进行组合和表达，并说明句子中词语搭配上存在的各种语义限制条件。

第四个层面是篇章分析，指的是研究句子之间的关系，以及整个篇章中包含的知识。

自然语言生成包括3个功能：内容规划、句子规划及表层生成。分别是指决定生成的文本所要表达的内容，并对已确定的内容进行结构化描述，使之符合阅读理解习惯；进一步明确定义规划文本的细节；将句子规划后的文本描述并设置文字标点和结构注解信息组成的表层文本。

在自然语言处理中，情感分析是一个重要的研究方面，主要是对带有情感色彩的主观性文本进行分析、处理、归纳和推理。情感分析的发展得益于社交媒体的兴起，其产生了大量个体参与的、对于人物、事件和产品的评论信息，通过机器学习得出可量化的数据结论。

在情感分析中，首先，需要从文本中抽取有价值的情感信息；其次，对情感信息进行分类，区分主、客观信息，并对主观信息进行情感分类；再次，对纪念性情感信息检索，检索出与主题相关且包含情感信息的文档；最后，将情感信息进行归纳，对大量与主题相关的情感文档进行自动分析、归纳，得出情感分析结论。

（2）知识图谱

知识图谱是指将知识结构绘制成以各个知识单元概念为节点的地图。知识图谱的基础是自然语言处理，在计算机对新闻资讯、公司公告、券商报告等中的知识单元进行实体识别之后，再基于机器学习等方法发掘并建立起各个知识单元之间的关系，形成知识网络。最后以可视化的形式展现出来，或者通过智能搜索引擎呈现。知识图谱的底层是文本、标签和表格，在此基础上构建图表、模式、本体和规则（图2-24）。

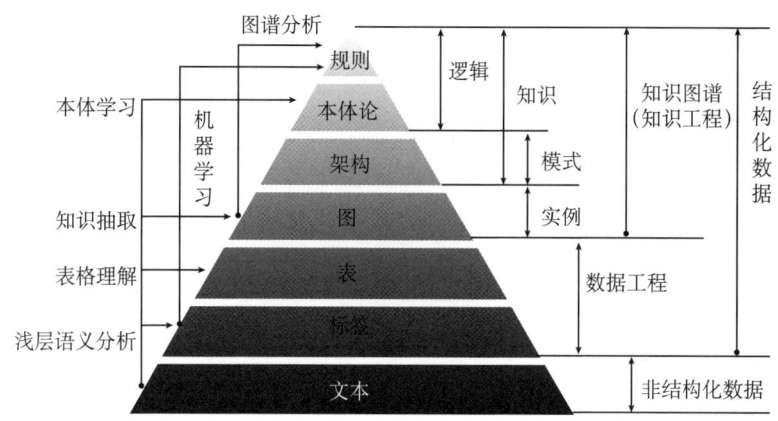

图 2-24 知识图谱技术的层次

（资料来源：中泰证券研究所、公司调研）

在投资研究领域，知识单元包括公司、产品、股东、管理层等，知识单元之间的关系包括上下游、竞争对手、合作、股权、担保等。知识图谱可以将知识单元之间的关系网络直观地显示出来，当其中某个节点发生变化时，能够快速识别出这个变化在关系网络中的传导过程及对特定主体的具体影响。

相比人工投资研究模式，人工智能拓展了数据来源，大幅提升了数据运算能力。人脑习惯于线性关系和因果关系分析，而机器能分析多元、非线性关系，寻找相关性而非局限于因果关系。但现阶段人工智能在明确边界、规则和目标的场景中，输出效果良好。然而在数据质量不高的情况下，关于研究报告的撰写，智能投研的输出结果相对比较差。

4. 智能投研案例——Kensho

2013 年 5 月，丹尼尔·纳德勒（Daniel Nadler）与程序员彼得·克鲁斯卡尔（Peter Kruskall）联合创立 Kensho，总部位于马萨诸塞州剑桥市。

Kensho 是智能投研最具想象力的先行者，是一个将云计算与金融咨询业务结合起来的数据分析公司，目标是建立更智能化的信息数据平台服务于证券分析师和交易员，为客户提供更加优质、快速的数据分析服务。

Kensho 被《财富》杂志提名为 2016 年"五家最热的金融科技公司"之一，

世界经济论坛将其评为"世界上最具创新力的私营科技公司"之一,同时被福布斯认为是"全球50强最具创新的金融科技公司"之一。

"Warren"(沃伦)是Kensho的经典作品,是一款金融数据收集、分析软件,拥有强劲的云计算能力、良好的人机交互界面和深度学习能力,目前产品只在高盛内部试运行,没有正式上市。

据福布斯介绍,"在能够找全数据的假设下,对冲基金分析师团队需要几天时间才能回答的问题,Warren可以通过扫描超过9万项全球事件,如药物审批、经济报告、货币政策变化和政治事件及其对地球上几乎所有金融资产的影响,立即找到超过6500万个问题组合的答案。"可以看到,Kensho试图构建最全的国际事件数据库及知识图的综合图表模型,解决当今华尔街投资分析的三大挑战,即速度、规模和自动化。

(1)产品Warren

Warren是类似于Google搜索引擎的金融分析软件,用户只需以通俗易懂的英文来询问Warren金融问题,如"台风对建筑行业股票价格影响是怎样的",随后便会将问题转换成机器能够识别的信息,并寻找云数据库与互联网中的各类相关数据与事件,运用大数据技术进行分析,并根据市场走向自动生成研究预测报告,回答投资者的问题。

Warren的强大功能使得用户不再需要有专业的金融知识,也不需要设置复杂的参数和配置算法,就可以得到类似于金融分析师分析的结果,让更多的人能够以较低的门槛获得专业的分析结果。

Warren可实现寻找事件和资产之间的相关性及事件对其价格的影响、基于事件对资产未来价格走势进行预测。

(2)寻找事件和资产之间的相关性

①寻找影响资产价格的关联事件。例如,输入Apple,Warren会显示一张Apple的股价走势图,在每一天的时间节点,从中可以得到具体哪些事件影响了Apple股价及影响的百分比,还会展现相关事件对股价波动的P-Value,即显著

性影响指数。

②寻找某事件对某些资产价格的影响。例如，输入"美联储降低利率"，并自由选择时间段和投资的种类，如道琼斯指数、油价等，Warren会以图表方式呈现该事件对资产价格走势的影响。

(3) 基于事件对资产未来价格走势进行预测

利用机器学习预测资产的价格，通过可能影响价格的相关因素去预测资产未来价格的走势区间。由于Warren的数据库已经包含了大量的数据源，包括政治事件、自然事件等，因此可能存在大量显著影响资产价格的变量，Warren需要判断哪些是可以用来预测价格的相关特征。在特征的选择上，Warren可以根据用户的建议输入相关的变量，也可以通过特征选择的算法去保留相关的特征。最后，Warren会以股票价格概率分布区间的图表呈现其预测的结果（图2-25）。

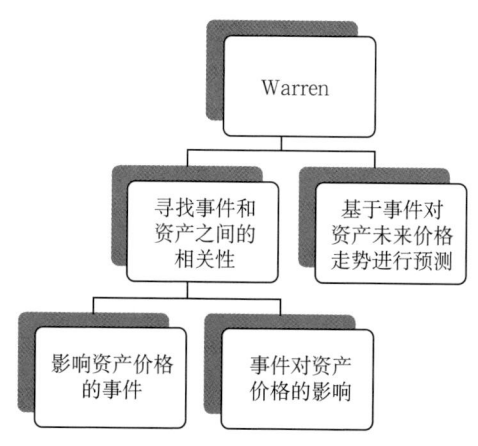

图 2-25　Warren 实现的主要功能

目前，Warren 处理的数据主要包括：Earnings releases、Economic Reports、Stock price movement、Moving averages、Company product launches、FDA drug approvals、Stock price triggers、Monetary policy changes、Political events。

Warren 具有快速的计算能力、良好的人机交互性、强大的深度学习能力。Warren 的出现有望如同电报、互联网出现一样进一步削弱市场不对称性，加快信息传导速度。

削弱金融市场的不对称性。Warren 将传统的专业分析师小范围独享的资产价格预测分享给更多普通人，削弱市场的不对称性，同时削弱了专业金融机构相对于普通投资者的获利优势。

加快信息在金融市场的传导速度，从而使得金融市场更受信息影响。由于 Warren 获取信息速度是专业人员的数倍多，分析速度是专业人员的百倍，因此 Warren 的出现如同电报、互联网出现一样，进一步加快信息在金融市场的传导速度。如同 19 世纪出现的电报，20 世纪出现的互联网一样，极大改变金融投机行为性质，大幅降低具备信息优势的机构的获利能力，我们有理由相信，如果 Warren 可以使得资产价格以更快、更大程度反映"所有可以获得的信息乃至决策后的结论"，那么现代金融投机行为性质将再次发生改变。

然而，Warren 人机交互有待提高，尚无法自我形成新因果关系，无法区分因果性／相关性。尽管 Warren 具备基础问答能力，然而目前来看，还存在人机交互和因果逻辑混乱等致命缺陷。

未来 Warren 计划推出下一代产品，将事件之间的关系做成一张图，形成事件"连接图表功能"，机器会尝试识别事件的概念、关系和网络，逐步模拟金融分析人员的逻辑思考能力，如试图解决上述无法判定事件因果性还是相关性的问题。此外，如何将语音识别技术结合到 Warren 中、如何更新庞大的数据库、如何提高 Warren 的学习精度与分析速度、如何提高分析结果的准确性也是 Warren 未来发展的关键点，当然也是难点。

分析自动触发事件对资产价格的影响是 Warren 终极目标。如果未来能借助 AI、语音语义、知识图谱等技术让 Warren 识别并理解变量的语义、变量之间的相关性、资产和事件内在的深层因果逻辑，那么 Warren 能真正做到对金融分析无所不能。更进一步，如果 Warren 可以自动提取事件特征，真正理解语义内外在含义，自主构建并修改知识库和知识图谱，分析自动触发事件对资产价格的影响并对未来价格走势进行预测，到那时或许大部分金融分析人员真的就要失业了。

第五节　智能投顾

人工智能技术与财富管理的结合，使得财富管理行业进入智能化发展阶段，智能投资顾问（简称智能投顾）模式成为全球财富管理领域的大热点。2008 年金融危机后，美国硅谷金融科技初创公司 Wealthfront 和 Betterment 先后推出以优化长期资产配置为目标的智能投资顾问产品。

美国是智能投资顾问行业规模最大的市场，同时保持着快速增长。据 A.T.Kearney 预测，2020 年美国智能投资顾问行业资产规模或将达到 2.2 万亿美元，年均复合增长率将达到 68%。

在欧洲、中国、澳大利亚、加拿大、新加坡等国家和地区，智能投资顾问也得到了快速发展，经营智能投资顾问业务的公司不仅包括以银行、证券为代表的传统金融机构，还包括创新型金融科技初创公司。

1. 智能投顾的现状

智能投资顾问又称机器人投顾，是一种结合人工智能、大数据、云计算等新兴技术及现代投资组合理论（MPT）的在线投资顾问服务模式。其将投资者风险偏好、财务状况及理财规划等变量输入模型，为用户生成自动化、智能化、个性化的资产配置建议，并提供交易执行、资产再平衡、税收筹划、房贷偿还、税收申报等增值服务。

普华永道认为智能投顾是指通过使用特定算法模式管理账户，结合投资者风险偏好、财产状况与理财目标，为用户提供自动化的资产配置建议。广发证券在其发布的《机器人投顾：财富管理的新蓝海》中就将机器人投顾称之为智能投顾，并将其定义为一种新兴的在线财富管理服务。

智能投顾核心技术流程体现在现代投资组合理论、投资策略生成（ISM）、量化投资策略及智能代理（IA）4个维度，通过人工智能及大数据技术将后3个维度有效衔接，使之成为一个有效的投资决策系统，在为投资者提供高度个性化匹配的投资组合配置的同时，还能对组合进行动态优化调整。

(1) 与传统投顾的比较

智能投顾的出现，暴露出传统财富管理存在的缺陷。传统投资顾问属于面对面服务模式，服务水平受投资顾问个人能力、阅历等因素影响。除此之外，传统投顾本身亦存在一些难以避免的缺陷。如传统投顾覆盖的用户有限，管理收费较高，主要面对小部分的机构投资者或高净值客户；资源配置效率低，获客成本较高；理财顾问能力参差不齐，知识结构单一；传统投顾服务有较高的道德风险，大部分理财经理不希望客户长线持有单一的理财产品，以免佣金收入下降等。

传统投顾的缺陷使得投顾业务要么选择全面的财富管理方向，要么选择投资方向，但无论如何选择，都需要提升投资水平和优化投资顾问服务模式，且要在市场中达到较高的水平才能生存。

针对上述痛点，智能投顾利用大数据分析、量化金融模型及智能化算法，根据投资者的风险承受水平、预期收益目标及投资风格偏好等要求，运用一系列智能算法、投资组合优化等理论模型，为用户提供投资参考，并监测市场动态，对资产配置进行自动再平衡，提高资产回报率，从而让投资者实现"零基础、零成本、专家级"动态资产投资配置（表2-11）。一方面将从业人员从大量数据收集、分析等基础、低效的工作中解放出来，大大提升投顾的服务效率；另一方面极大地满足C端用户的需求，增加用户黏性。

表 2-11 传统投顾与智能投顾对比

对比	传统投顾	智能投顾
服务人群	面向高净值人群提供服务	覆盖高、中、低净值的多数人群，但以中产、大众投资者为主要目标客户

续表

对比	传统投顾	智能投顾
投资门槛	投资门槛高,国内外平均在100万美元以上	投资门槛极低,甚至可以实现零门槛
服务模式	提供一对一人工服务	提供有限或无人工服务,纯线上服务
服务内容	全方位、个性化的财富管理	智能资产配置及自动多样化投资
资产配置	涵盖大部分资产类别	以ETF基金为主要的多资产类别投资
投资依据	公司及投资顾问经验和理论水平	借助新兴技术构建投资组合模型
管理费率	管理费率高,平均费率在1%～3%	管理费率低、平均费率在0.25%～0.5%
时效性	存在一定延迟性,无法全程实时监控	时效性高,全天候监控市场变化并及时响应
风险控制	存在道德风险,受主观情绪影响	严格遵守现代投资组合理论,分散投资,基于模型控制风险
投资结果	依据个人投资水平而定	基于MPT,赚取β收益
用户体验	流程烦琐,所需时间较多	流程简单清晰,以实现快速投资建议及交易执行

目前,国内智能投顾公司主要有三大类,分别是互联网金融信息服务公司、科技公司、传统证券和基金公司。

互联网金融信息服务公司率先试水,如同花顺(iFinD智能投顾)等互联网金融信息服务公司开始推出智能投顾服务,并取得不错的市场反响。

科技公司积极进军,如百度金融大举布局智能投顾,试图将百度人工智能与传统资管业务有机结合;阿里巴巴、京东等在财富管理领域早有布局,阿里旗下的蚂蚁聚财、京东的京东智投已具备开展智能投顾服务的基础;分众传媒收购智能投顾平台"拿铁财经"70%股权。

传统证券公司、基金公司积极跟进,如平安银行推出平安一账通,打造综合一站式智能投顾平台;华泰证券2016年4月出资8亿美元竞购美国资产管理软件生产商Asset Mark,后者为超过7.5万投资顾问和投资者提供服务;光大证券旗下立马理财与网易深度合作，探索智能投顾业务；申万宏源证券联合股利多和天音通信正式发布新产品"股神+"，提供智能理财解决方案；广发证券推出贝塔牛，提供 A 股及大类资产配置智能投顾服务。

(2) 智能投顾平台分类

智能投顾平台分类如表 2-12 所示。

表 2-12　不同类型的智能投顾平台

类别	平台名称	上线时间	投资门槛	资产配置范围	费用	产品特色
基于传统金融投资顾问机构的智能化升级产品	中国平安旗下"平安一账通"	2016年1月	0	平安旗下全部理财产品	0	依托集团优势整合客户资源和信息，建立理财综合账户
	嘉实基金旗下"金贝塔"	2016年4月	0	A股	0	背靠嘉实财富，汇集上百位实名认证的证券分析师、专业投研人士
基于第三方财富管理公司的智能理财平台	资配易	2014年6月	0		实际收益的20%	国内首个A股机器人投顾；提供从投资策略模板生产到交易执行的全智能化服务
	钱景	2014年8月	0	公募基金	0	根据用户风险偏好，选择不同的投资基金组合
	胜券在握	2014年12月	0	A股	0	以量化投资为核心的一站式互联网股票投资服务平台
	财鲸	2015年8月	0	美股	0	通过认知计算基数，构建投资者喜爱的海外投资组合，实盘表现在90%概率下超越对应的主题ETF或者相关指数

续表

类别	平台名称	上线时间	投资门槛	资产配置范围	费用	产品特色
基于第三方财富管理公司的智能理财平台	蓝海财富	2015年1月	50万美元	美国公募基金	账户总金额的0.5%	可以通过一组QDII股票和QDII债券基金，做到人民币不出境也能实现避险保值
	弥财	2015年1月	5万元	中国内地、中国香港、美国市场的主要股债指数、ETF和黄金指数	账户总金额的0.5%	海外投资；24小时管理账户和资产；自动调整投资比例
	投米RA	2016年4月	0	美元ETF	0	投资者可以根据自己的主观判断选择合适的投资风格
	蓝海智投	2016年4月	0	美国公募基金	账户总金额的0.5%	可以通过一组QDII股票和QDII债券基金，做到人民币不出境也能实现避险保值
互联网公司打造的智能投顾平台	雪球财经	2010年4月	0	中国内地、中国香港、美国市场市场的股票、债券和基金等产品	0	社交属性更强，用户可以自己创建投资组合，每个组合下面还可以进行评论互动
	京东智投	2015年8月	0	基金、保险、固收、票据等领域京东金融覆盖的产品	0	结合京东大数据体系，依托京东金融丰富的产品线，提供免费个性化智能投资组合
	iFinD智能投顾	2016年3月	0	A股	0	深度学习构建资本市场知识图谱，实时结合情景对大盘重大拐点做出判断，选择高胜率投资机会，在情景变化时自动切换策略

(3) 智能投顾的流程及特点

与传统投顾服务不同，典型的智能投顾服务过程主要包含以下步骤：①客户画像：系统通过问卷调查评价客户的风险承受能力和投资目标；②投资组合配置：系统根据用户风险偏好从备选资产池中推荐个性化的投资组合；③客户资金托管：客户资金被转入第三方托管；④交易执行：系统代理客户发出交易指令，买卖资产；⑤投资组合再平衡：用户定期检测资产组合，平台根据市场情况和用户需求变化实时监测及调仓；⑥平台收取相应管理费（图2-26）。

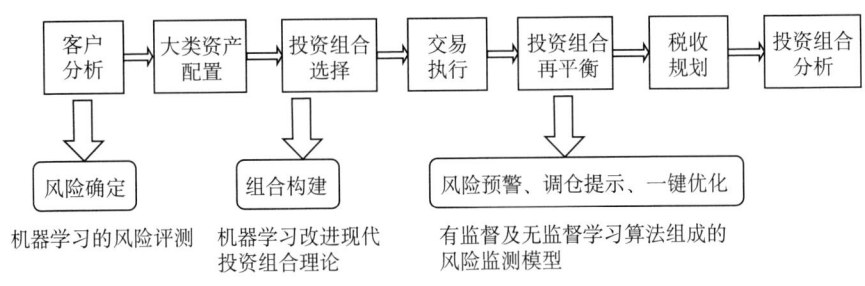

图 2-26　智能投顾流程

(4) 基于用户画像的个性化服务

要为投资者提供符合个人情况的精准投资建议，智能投顾平台首先需要获得用户画像。目前，主流的智能投顾平台在进行客户分析和画像时，基本均采用调查问卷和询问打分形式。且要求投资者回答一些涵盖行为金融学、投资学、财务状况和投资目的等方面的问题，了解投资者偏好、风险容忍度和理财投资目标。

例如，美国嘉信公司推出的智能投顾产品Schwab Intelligent Portfolios，为投资者设计的调查问卷里包括投资者的年龄、收入、财富、风险承担意愿、产品类型偏好等，并且对问题答案设置分数，最终分值越高代表用户的风险承担能力或意愿越强。Wealthfront同样通过用户填写金融资产规模和投资倾向等个人信息来了解和评估投资者的风险偏好和风险承受能力，并将得到的风险偏好分数用于资产配置模型中。而Betterment公司则只需要了解投资者的年龄、年收入状况、投资期限和投资目标（安全保障、退休基金、一般投资），并没有风险偏好调查。Betterment 认为，投资期限、投资目标及资金支出计划是资产配置需要考虑的首要问题，其本身就反映了投资者的风险承受能力。

用户画像未来必将朝着打破数据瓶颈方向发展，凭借打通用户消费、投资和行为偏好等数据通道，利用大数据和机器学习方法实现对用户偏好和投资能力的精准刻画。

（5）智能投顾追求"最优化组合"而非"高收益"

当前，市场上智能投顾平台大多数依据现代资产组合理论、资本资产定价模型和 Black-Litterman 模型等理论，实现大类资产配置和投资组合选择，从而达到"最优化组合"的考核指标，而非追求"高收益"。

资产组合理论（modern portfolio theory，MPT）是由马科维茨（Markowit）1952 年提出，该理论定义了资产配置的有效前沿（efficient frontier），即在确定风险水平下使收益最大化，或者在确定收益水平下使风险最小化的资产组合集。在用户的风险承受范围内给出资产配置的最优解，借助量化投资工具帮助投资者进行组合优化及风险管理。而所谓"最优解"，就是对风险和收益的平衡，而不是单纯地追求"高收益"。

资产组合理论为智能投顾平台提供了如何选择大类资产去分散风险，从而获得市场平均收益的方法。当大类资产间的相关度低，甚至一些大类资产存在负相关时，通过调整投资配比来获得比较稳定的收益，从而分散非系统性风险。例如，Wealthfront 的投资标的选择美国股票、新兴市场股票、美国国债、美国公司债、通货膨胀保护债券、房地产等 11 个资产大类；Schwab Intelligent Portfolios 首先根据数据质量、透明度和系统功能确定代表各资产类别的标的指数，分为股票、固定收益、大宗商品和现金四大类，然后在每一类下面再进行细分，如股票细分为新兴市场股票、美国市场股票、高股息股票等。

由于资产组合理论构建的投资组合模型存在对输入的参数过于敏感及估计误差被放大等缺点，因此一些平台使用 Black-Litterman 模型代替 MPT 确定大类资产的投资组合。

Black-Litterman 模型利用概率统计方法，将投资者对大类资产的观点与市场均衡回报相结合，从而对每类资产形成一个科学的预期回报。平台使用 Black-Litterman 模型修正 MPT 结果，同时加入对投资者预期的考量，这使得资产配置结果更加符合需求。

资本资产定价模型（capital asset pricing model，CAPM）是由夏普（Sharpe）等人于 1964 年在 MPT 基础上发展而来，主要研究预期收益率与风险之间的关系及如何确定资产的均衡价格。CAPM 认为组合分散化程度越高，组合风险越低，同时人们在长期投资中只能获得和系统性风险相匹配的收益。智能投顾平台利用 CAPM 确定每种资产的预期收益，同时 CAPM 也为被动化投资提供了理论支持。

智能投顾基于以上理论进行实际操作，目前发展较好的智能投顾企业大多遵循了被动化投资、分散投资的原则。例如，Wealthfront 的投资标的包括 11 种 ETF 基金，涵盖了美国股票、美国债券、新兴市场股票、房地产、自然资源等；Betterment 投资标的包括 6 种股票型 ETF 和 7 种债券型 ETF。使用 ETF 作为投资标的，可以有效分散风险，同时，被动化投资也可以降低交易成本，提高投资的透明度。

（6）投资组合再平衡

在完成配置选择并执行交易后，投顾平台还需要对投资组合进行后续跟踪、风险管理和组合调整，判断组合是否能够满足投资者的目标或者是否适应市场波动。当组合与投资者的目标明显偏离，或个别资产价格达到风险阈值时，平台会发起调整资产配置的请求，并拟合出新的收益曲线，由用户决定是否要更改配置。同时，用户也可以自己调整资产配置，调整后机器拟合出收益率曲线，让用户判断是否接受。这个过程称为投资组合的再平衡。

（7）税负管理是美国智能投顾平台特色

在美国，智能投顾不仅基于投资者目标和风险管理规划提供投资组合优化建议，同时还会提供增值服务——税负管理，产品自动提供税收亏损收割节税功能。

税收收割是指卖出投资者亏损的资产，抵免一部分资本利得税，同时买入其他类似资产，从而达到合理节税和增加客户净收益的目的。例如，多数智能投顾产品包括的自动组合调整（automatic rebalancing）、自动税收收割（automated tax loss harvesting）、税收优化组合设计（tax optimized portfolio design）等功能均是服务于美国个人所得税体系的税收服务。

组合分析是指平台对资产管理绩效进行事后评价，获得投资反馈。例如，嘉信公司推出的 Schwab Intelligent Portfolios 产品，通过税收收割交易次数、组合调整次数、节税比率、跟踪误差4个指标评价投资建议的优劣。

2. 中美智能投顾发展环境对比

据美国金融监管局的资料，智能投顾最初的雏形诞生于投研系统，金融机构采用科技手段来辅助金融从业人员进行用户画像，准备销售材料等，后来逐渐演化为提供资产配置、优化投资组合。

20世纪90年代后期，直接面向个人投资者的智能投资工具开始出现。2005年，美国证券商学会颁布文件，允许证券经纪人使用投资分析工具帮客户理财，建立了智能投顾的法律依据。

2008年，Betterment 和 Wealthfront 在美国硅谷成立，主要面向中产及长尾客户。Wealthfront 的目标客户群是20到30多岁从事科技行业的、具有一定经济实力的中产阶级，如 Facebook 和 Twitter 等公司的职员。Betterment 的目标客户收入大概在20万美元以上，核心客户大部分是拥有高学历的美国职场人士。

从2015年开始，传统金融机构加入智能投顾行业浪潮，纷纷推出智能投顾产品或收购相关业务平台。

2015年3月，嘉信推出了智能投顾产品 Schwab Intelligent Portfolios，不到3个月时间吸引了24亿美元投资，以及3.3万多名客户，目前该项服务资产管理规模超过 300 亿美元；5 月，先锋开展智能投顾业务 Personal Advisor Services；8 月，全球最大的资产管理公司贝莱德宣布收购理财服务公司 Future Advisor；2016 年，高盛收购线上退休账户理财平台 Honest Dollar，加入竞争（图 2-27）。

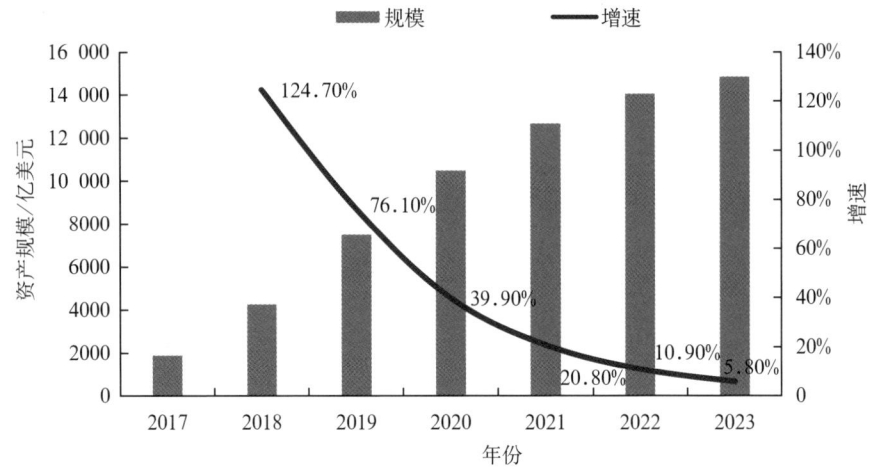

图 2-27　美国智能投顾管理资产规模及增速

（资料来源：Statista、兴业证券）

发迹于硅谷的 Betterment、Wealthfront 在 2015 年年底就分别拥有 30 亿美元、29 亿美元的资产管理规模。从全球市场来看也极为抢眼，花旗集团的研究报告明确指出机器人顾问所掌握的资产从 2012 年到 2015 年实现了从零到 187 亿美元的迅猛增长。

根据 Statista 在 2019 年 2 月发布的美国智能投顾市场报告显示，美国智能投顾管理的资产在 2019 年达到 7497.03 亿美元。预计 2019—2023 管理资产的复合增长率为 18.7%，到 2023 年总金额为 14 862.57 亿美元。美国市场智能投顾的用户数量和渗透率也将持续增长，预计到 2023 年，用户数量将达到 1378.21 万户，渗透率达到 4.1%（图 2-28，表 2-13）。

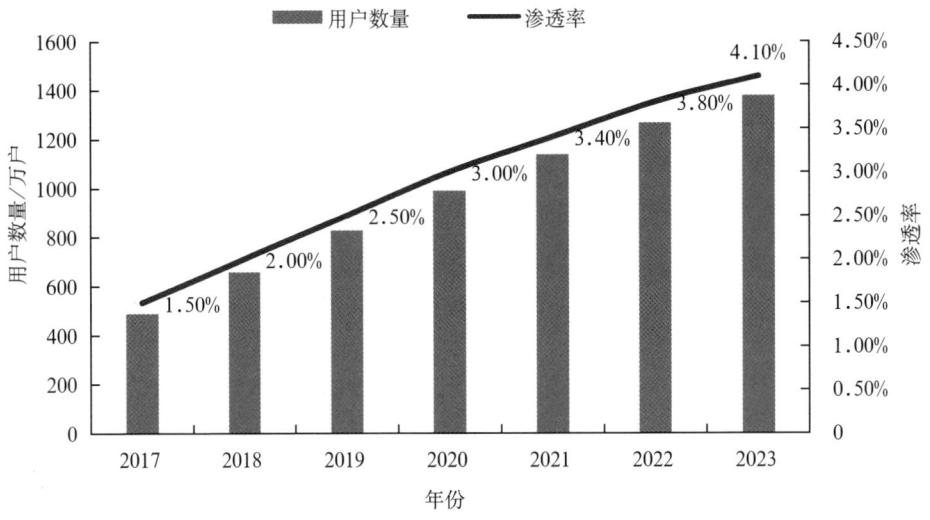

图 2-28 美国智能投顾市场用户数量和渗透率

(资料来源：Statista、兴业证券)

表 2-13 海外主流智能投顾产品对比

项目	Wealthfront	Betterment	futureAdvisor	嘉信理财SIP	先锋基金PAS
上线日期	2011年12月	2010年5月	2010年8月	2015年3月	2015年5月
资产管理规模/亿美元	35	40	8.1	52	360
用户数量/万户	8.4	18.3	1.1	—	—
户均投资余额/万美元	4.2	2.2	7.5	—	—
市场估值/亿美元	10	10	2	—	—
资产门槛/美元	500	0	10 000	5000	50 000
咨询管理费用	1万美元内免费，超过部分费率0.25%	0～1万美元：0.35%；1万美元～10万美元：0.25%；10万美元以上：0.15%	0.50%	0	0.30%

续表

项目	Wealthfront	Betterment	future Advisor	嘉信理财 SIP	先锋基金 PAS
其他费用	ETF交易费用，费率约为0.12%	ETF交易费用，费率约为0.14%	ETF交易费用，费率约为0.10%~0.20%	ETF交易费用，费率约为0.03%~0.55%	ETF交易费用，费率约为0.12%~0.35%
投资范围	12大类ETF	11大类ETF	ETF为主	54支嘉信基金及其他公司ETF	先锋旗下股票型债券及债券型ETF
税收亏损收割	面向所有用户	税收优化直接指数化面向10万美元以上用户	面向所有用户	面向5万美元以上用户	仅提供策略性建议
资产再平衡	自动进行，与税收收割有机结合	自动进行，与税收收割有机结合	自动进行，与税收收割有机结合	偏离预设投资目标5%以上时触发	面向5000美元以上用户

在资管行业规模不断扩大的背景下，国内智能投顾行业正在高歌猛进（图2-29）。

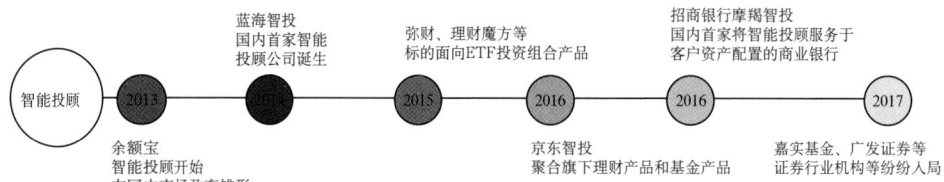

图2-29 中国智能投顾公司发展历程

目前，我国处于智能投顾初级阶段，由于中美市场环境存在巨大差异，潜在服务人群也不相同，因此需要有甄别的借鉴美国发展经验。

首先，中美市场环境不同。美国市场有近1600支ETF，资产规模累计2.15万亿美元，涵盖国内、国外市场，产品种类繁多，包括股票指数、债券、商品等多个类型。同期我国市场 ETF 只有 130 支，资产规模累计 4729 亿元，且大多属于传统股票指数型 ETF，债券型 ETF、商品型 ETF 等合计尚不足 10 支。

其次，中美监管环境不同。美国智能投顾机构接受证监会（SEC）监管，受《1940 年投资顾问法》约束，需获得 RIA（注册投资顾问）牌照，此牌照涵盖智能投顾涉及的所有服务内容（资产管理、证券投资建议、理财规划）。例如，Betterment 和 Wealthfront 已在 SEC 注册，先锋、嘉信等传统基金公司已经拥有牌照。

2016 年 3 月，美国金融业监管局（FINRA）出台了《数字投资咨询报告》（"Report on Digital Investment Advice"），报告中提出了对智能投顾在算法、客户风险承受能力评测、投资组合创建及减少利益冲突方面的具体建议和实用案例。

2017 年 2 月，美国 SEC 发布了智能投顾的升级指导意见《网络自动咨询服务（即"智能投顾"）合规监管指南》，要求进一步加强平台信息纰漏，保护消费者权益（图 2-30）。

我国现行投顾业务监管规则主要包括智能投资顾问业务须持照经营、投资咨询与资产管理业务必须分离经营。业务分离原则对智能投顾业务的发展将构成巨大障碍。2015 年 3 月，证监会发布《账户管理业务规则（征求意见稿）》对投顾和资管业务混合释放了积极信号。

最后，智能投顾潜在服务对象不同。在美国，智能投顾早期用户以硅谷工程师为主，后期以高净值人群为主要群体，其主要价值是帮助用户节省成本，帮助用户省心省力地理财。而我国投资者以散户为主，追求短期收益，投资风格以追涨杀跌为主，且我国高净值群体数量远小于美国，因此智能投顾以追求高收益为内在发展动力（图 2-31）。

美国智能投顾监管体系	美国智能投顾监管体系
智能投顾涉及服务 内容：资产管理、证券投资建议、理财规划	监管动态 涉及部门：FINRA，美国金融业监管局，是美国最大的独立非政府证券业自律监管机构。 具体动作：FINRA发布对数字化投顾的监管建议，对后续实际监管政策落地具有参考价值
涉及经营牌照和监管 牌照：美国投资顾问监管牌照涵盖智能涉及的所有服务内容。 监管：美国投资顾问公司在SEC（美国证券交易委员会）申请注册，服务牌照受到《1940年投资顾问法》约束	报告要点解读 监管重点：对服务过程中间直接影响结果的算法、模型、程序、智能体等环节进行管理和评估。 监督过程：初步审核。①评估使用算法、模式与目标适应性；②了解使用的数据源；③测试输出结果与预期一致性。 定期审核：①评估模式是否适应市场变化；②定期测试
智能投顾公司注册现状 现状：创新型公司Betterment和Wealthfront均在SEC下注册，先锋、嘉信等传统基金公司已经拥有牌照，可直接经营智能投顾业务	

图2-30　美国智能投顾监管体系完善

（资料来源：慧辰资讯、兴业证券经济与金融研究院整理）

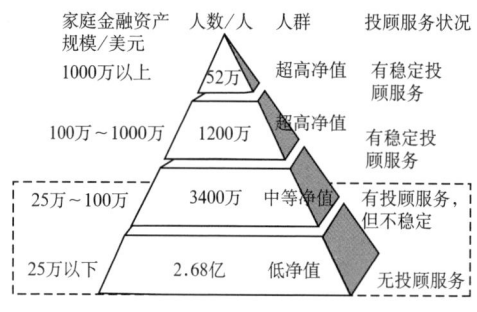
a 智能投顾潜在服务对象：美国市场

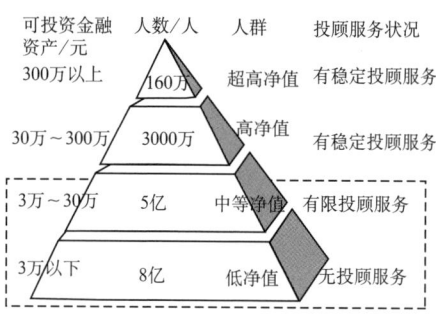
b 智能投顾潜在服务对象：中国市场

图2-31　中美智能投顾潜在服务市场对比

3. 智能投顾未来发展趋势

结合国内外智能投顾的发展现状，我们认为随着技术的演进、算法的优化、信息化程度的逐步提高，智能投顾必将逐步取代传统投顾中效率与质量较低的服务，依据算法、模型、概率为客户提供场景化、个性化、碎片化等维度的投资顾问服务将是未来的发展方向。

　　金融科技的飞速发展，让更多的普通投资者有机会分享过去仅提供给私人银行高净值客户的投资策略和理财服务。更智能、更精确、更高效、更贴近个人需求、更多的选择成为未来财富管理的主流方式之一。

　　风险投资的关注助推智能投顾行业发展，短短数年，以BATJP（BAT+京东、平安）为代表的资本纷纷战略布局，加速行业的发展与整合，有利于形成行业规模效应。但是由于客户对资产配置和智能理财的认知度和接受度不高，以及国内资本市场的特殊性和监管的原因，智能理财的发展还会面临很多困难和挑战。

　　监管力度持续加强。在智能投顾前景一片大好的背景下，如何实现有效的监管一直是悬在这一领域上的达摩克斯之剑。2016年8月19日，证监会新闻发言人张晓军明确表示，发现互联网平台未经注册、以智能投顾等名义擅自开展公募证券投资基金销售活动的，证监会将依法查处，监管的收紧也令此前火热的智能投顾概念暂时降温。

　　未来，我国智能投顾只有解决好监管与创新的平衡、金融产品和投资需求的匹配、金融数据的开源等方面问题，才能持续健康发展。

第三章

监管科技

金融科技创新日益加速，金融产品和服务的复杂程度与日俱增。由于受到人力、资金、技术等因素限制，金融监管机构监管压力日趋上升，特别是金融科技的异军突起，不仅模糊了金融业务边界，还赋予了金融业新的风险特征，给传统金融监管方式带来了严峻的挑战。在这一背景下，"以科技改善监管、以科技应对风险"逐渐成为各国监管机构应对新监管挑战的重要手段和途径。

金融机构为了满足日益复杂的监管规则和日趋严格的监管环境，避免受到高额惩罚，在合规管理领域投入了大量的人力物力，并基于监管规则，借助大数据、云计算、人工智能等科技手段，逐步开发出合规科技（CompTech）。

在金融监管机构和金融机构的共同推动下，监管科技（RegTech）逐渐受到关注，并在部分领域实现了应用。为提升金融监管机构监管水平、增强金融机构合规能力提供了支持和保障，也成为我国防范金融风险、构筑金融新生态的重要手段和途径。

第一节 监管科技发展现状

金融科技的应用并不能降低金融系统中的固有风险，相反会加快金融风险的传导速度和影响范围。例如，金融科技企业依靠试错性创新使得一些不够成熟的产品被推向市场，由于网络效应容易放大较小风险，造成大规模的资金损失，产生强烈的负面舆论效应。

目前，全球监管科技仍处于初期发展阶段，各国发展情况差异显著，对于监管科技这一概念的内涵尚无统一规范的定义。英国金融行为监管局（FCA）认为，监管科技指金融科技公司为金融机构提供的自动化解决方案，利用新技术更有效地解决监管合规问题，减少不断上升的合规费用。国际金融协会（institute of international finance，IIF）则认为，监管科技是更加有效和高效地解决监管与合规要求而使用的新技术。

中国人民银行金融研究所所长孙国峰认为：监管科技是基于大数据、云计算、人工智能、区块链等技术为代表的新兴科技，主要用于维护金融体系的安全稳定，实现金融机构的稳健经营及保护金融消费者权利。

如上述定义，监管科技（RegTech）是借助大数据、云计算、人工智能、区块链等现代信息科技，用以改善金融监管机构监管水平、满足金融机构合规需求的技术工具、手段和系统。

1. 监管科技的发展现状

（1）英国在监管科技领域的探索

伦敦是全球金融中心，聚集着大量金融机构，也是金融创新的发源地之一。为更好地支持金融科技公司的发展，把控金融创新的边界、防范风险，早在2014年，英国金融行为监管局就设立创新项目促进监管科技行业发展。2015年，英国政府支持英国金融行为监管局与英国审慎监管局（PRA）合作，采用新技术促进金融监管，即所谓的监管科技。

随后，英国金融行为监管局与数十家科技公司、金融机构、咨询公司和学术机构进行广泛的接触，对英国监管科技的需求、创新现状和面临的挑战形成初步共识。

2015年11月，英国金融行为监管局发起倡议，呼吁各利益相关方就监管科技的开发和应用提供投入支持。同时倡议中明确了英国金融行为监管局的职责，具体包括提供监管专业知识、为金融科技和金融服务提供创新环境、发布标准和指南、解决准入、创新和应用的障碍等多个方面。该倡议得到业界的积极响应。

2016年4月，英国金融行为监管局先后举办监管科技创意活动、TechSprint技术创意活动和"解锁监管报告"的研讨活动等一系列活动。通过这些活动，邀请银行、大型科技公司、初创金融科技公司及学术界人士，讨论如何利用新技术来降低监管报告的成本、提升效率和有效性等问题。

在上述与业界充分交流的基础上，英国金融行为监管局还多次发布发展监管科技的年度计划。例如，通过科技手段提高监管报告效率和有效性、扩大金融服务覆盖面、运用技术开展实时监控、在加强合规的同时降低成本；在新的领域（如ICO和分布式账本技术）支持企业开展创新项目；利用沙盒项目的经验教训，降低创新企业进入市场的壁垒；打造全球沙盒；进行一些监管科技的高级分析实验，包括通过各种新技术自动检测互联网上未经授权的商业活动、测试高级自然语言处理（NLP）技术和语义语言模型以实现自动化等。

2018年2月，英国金融行为监管局发布《关于利用技术实现更加智能的监管报送的意见征询报告》。金融机构按监管当局提供的监管手册的要求准备这些文件，金融机构需要投入大量人力和资源并雇用外部专业机构来理解、编制文件。许多金融机构按自己的理解将这些监管要求写成程序，纳入本机构内部的报告系统。

为了进一步降低成本、缩短时间及降低不同机构出现的理解差异，英国金融行为监管局在综合业界反馈意见的基础上，提出了"创建机器可理解和机器可执行的监管报送系统"的设想。将英国金融行为监管局和英国审慎监管局提出的部分监管报告要求以机器可读语言来表述，当机器理解了这些监管要求之后，就可以自动从金融机构的数据库内采集数据，形成监管机构所需要的报告，并决定将系统的名称改为"数字监管报告系统"。

(2)新加坡"数字咨询服务"监管

数字咨询服务是指使用自动化、基于算法的智能工具为投资者提供关于投资产品的咨询、意见。

数字咨询流程通常从客户输入投资金额,并回答一系列与个人风险承受能力、财务目标及投资期限等相关的问题开始。在此基础上,数字顾问使用算法分析客户的答案,并生成一个适合该客户的投资建议,包含适合该客户所述需求的投资组合。如果客户接受推荐的投资组合,数字顾问会将客户的交易订单直接传递给经纪公司执行。如果执行一段时间后,因市场变动使该客户的投资组合偏离了其最初推荐的资产配置,则数字顾问将负责调整客户的投资,投资组合的这种重新平衡自动进行并定期执行(图3-1)。

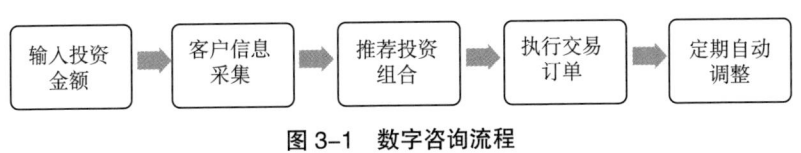

图3-1 数字咨询流程

在新加坡,数字咨询顾问的运作模式和具体经营活动决定了需要接受的管理框架。为执行证券交易提供平台的数字顾问(包括数字顾问没有提供咨询意见的交易),应按照《证券及期货法》(SFA)进行证券买卖;面向客户的款项、资产,甚至包括经营综合账户提供的数字顾问,应遵守SFA进行基金管理。除非有特殊情况并获得豁免,否则以上两类数字顾问均须持有资本市场服务(CMS)牌照。

新加坡金融管理局(MAS)提出,如果数字顾问仅进行部分的受SFA管制的活动(如一些在提供财务咨询服务时附带的活动,包括数字顾问在向客户提出意见后,向经纪公司传递客户的交易订单及调整客户的投资组合使其回到最初推荐的配置),则允许该类数字顾问作为有执照的财务顾问,或作为《财务顾问法》(FAA)中的受豁免的财务顾问运作,不需要在SFA获得额外的许可,但需服从一些特定的保障措施。一些数字顾问可能会选择将其面向客户工具的开发外包给第三方供应商。如果第三方提供商不直接向客户提供财务咨询服务，则不需要由MAS授权。然而，数字顾问应对第三方提供者进行适当的尽职调查，以评估与此外包安排相关的风险。

综上所述，针对不同的投资业务，在新加坡从事数字咨询的投资机构需要向相关监管机构申请获得相关资格牌照，如图3-2所示。

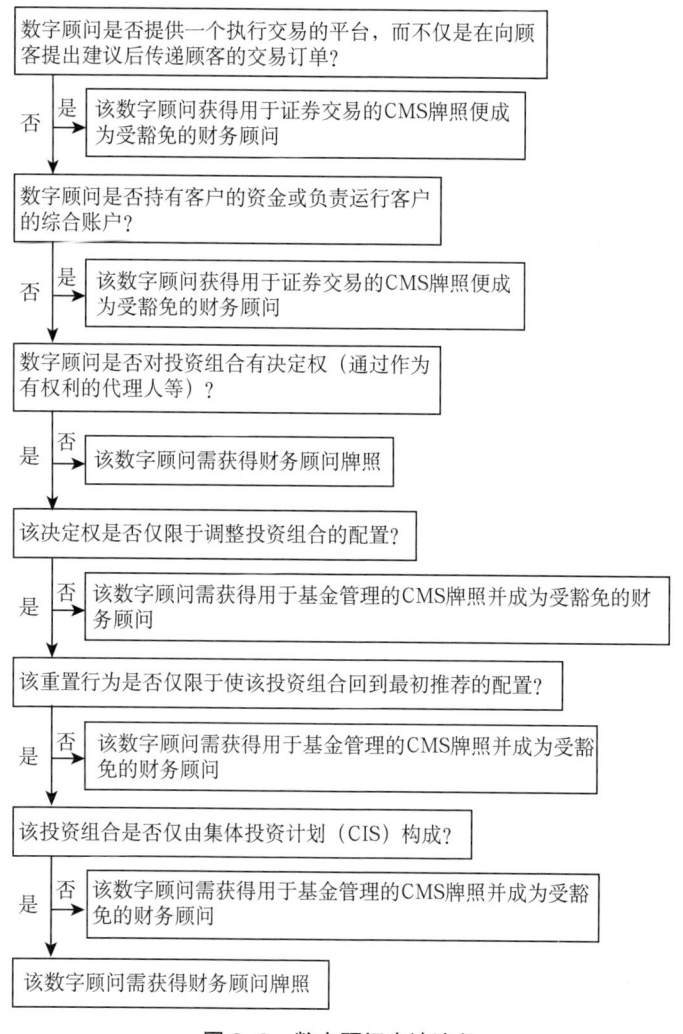

图3-2　数字顾问申请流程

针对数字顾问模式的特点和风险，MAS对数字顾问模式的治理及管理监督标准在算法方面提出了最低标准，即董事会和高级管理层对算法的检测及控制两方面所承担的责任。由于面向客户的工具主要是算法驱动的，算法中的错误或偏差，无论是疏忽导致或设计不佳导致，都会对数字顾问的客户产生不利影响，从而与客户的最佳利益相悖。

1) 开发面向客户的工具

在开发面向客户的工具时，数字顾问需要考虑以下几个因素。首先，数字顾问需要确保面向客户，工具使用的算法背后的方法论和理论是正确且成熟的；其次，需要确保该工具具有收集所有必要信息的能力；最后，该工具需要具有不同的算法，确保每一类信息都有其相应的算法，以便所有必要信息都得到充分的分析，客户得到合适的建议。

数字顾问的算法还需要具有分辨客户的能力，即通过客户的回答判定客户是否适合所建议的投资，并可及时将不符合标准的客户移出该投资者列表。在面向客户的工具投入使用之前，应当对数字顾问进行充分的回溯测试，即比较模型或计量方法给出的估算结果和模拟中给出的实际结果，并修改算法来缩小两种结果的差异，通过不断重复这个过程，来保证算法计算出的结果最终与预期中的投资建议结果一致。

此外，数字顾问应根据公司风控部门制定的"技术风险管理准则"或"技术风险管理规章"中的要求进行差距分析，并且根据要求确定可接受的误差区间。在此工具运用或推广之前，所有已查明的差距都必须控制在误差区间之内。

2) 算法的监测和测试

管理层需要制定相关的政策、程序和控制措施，用来监测和测试数字顾问的算法，以确保它们按预期正确、准确地执行。

①控制可更改算法人员的权限，只有在必要的时候才能启动更改算法的权限，其余时间相关人员只有观测或监控算法的权限。

②如果检测到算法中存在错误或偏差，立即暂停数字咨询服务，停止当时

投资建议的执行。只有当错误或偏差完全消失，数字咨询才能重新投入使用，并需要对停止执行的投资建议进行重新评估。

③对面向客户的工具所提出建议的质量进行合规性检查。此类检查除了定期进行之外，在对算法进行更改时也要进行相应的检查。

3) 提供有关算法和利益冲突的信息

数字顾问可以运用不同的金融学理论作为算法的基础。每种算法都有不同的假设、基本规则和限制。在极端市场条件下，一些数字顾问可能会覆盖自动算法或暂时停止数字咨询服务。数字顾问需要向客户披露关于算法的一些相关信息，如算法被覆盖或者被叫停的情况；而当算法被调整或改进的时候，也需要将情况通知相关的投资客户。当客户对数字顾问的投资建议做出决定时，此类信息的披露对维护客户的最佳利益非常有用。

4) 董事会或者高级管理层的责任

董事会或者高级管理人员的责任主要包括建立有效的系统和程序来保障风险管理体系和环境的健全，建立相关的规则和条例来指导相关的工作人员，以及督促相关工作人员遵守规则与条例。具体而言，MAS列出以下几条董事会或高级管理层需要履行的职责。

①对面向客户工具的设计和开发，制定完善的审批流程，并确保相关算法得到定期维护和更新。

②为面向客户工具的使用系统和程序设置相应的政策和流程。

③完善对面向客户工具的监管，例如，安排合适的人手负责算法的改进；负责改进算法的职员需要有相关的经验和理论基础；如果条件允许，负责改进算法的职员和审批算法改进的职员，应该由不同职员担任。

④确保机构内所有相关的职员了解并遵守"技术风险技术管理"中设定的相关规则和条例。

无论是数字咨询顾问还是个人投资顾问，受托责任是必须要明确的主要职责。而受托责任则需要贯彻穿透原则，即持牌金融机构通过程序、算法向客户提供一个投资策略，如果出现问题，监管部门需要按照穿透原则来认定责任。

5）建议的适用性

如果一个有牌照的投资顾问想要推荐任何投资产品给任何有可能相信其建议的客户，该投资顾问须具有能令人信服的根据。此外，在向客户提出投资建议前，财务顾问还必须进行关于该客户的投资目标、财务状况及任何特殊需求的尽职调查。而实际上，数字顾问可能并不会考虑客户的财务状况，因为在数字咨询服务的过程中，客户对于他们想要投资的数额拥有绝对的决定权，并且不会受到任何其他因素的影响，包括在投资过程中的积极引导。另外，数字顾问常常会为具有低成本及多样化特性的传统的交易型开放式指数基金（ETF）提供建议，而不是对于一整套的投资产品提出投资建议。因此，收集客户相关信息的重要性相对于传统顾问，数字顾问要稍逊一些。

基于以上分析，MAS计划对一些完全自动化面向客户的工具给予个案豁免，具体豁免办法应能够使申请者在未获得客户完整财务状况的情况下，保证其提供的建议适当。当处理豁免申请时，MAS将考虑该数字顾问对于客户线上评估及算法是否会受到客户投资金额的影响。

另外，MAS还会要求数字顾问说明其使用的淘汰制度或门槛问题能够有效地过滤不符合要求的客户，从而降低风险。为确保客户能够充分意识到使用全自动模型的数字顾问所提供的投资建议的局限性，该数字顾问在申请豁免时需要向客户出具一份风险披露声明，提醒客户投资建议并未考虑客户的财政状况、现有的投资组合及客户对于此次投资活动的支付能力。

6）投资组合的管理

①投资顾问服务中附带的资产管理服务。根据现行的相关法律规定，拥有资格牌照的金融机构在提供不涉及非上市集体投资计划（CIS）的投资顾问服务时，无须持有资产管理服务所需的CMS资格牌照就有权提供投顾服务中附带的资产管理服务。如果金融机构想要使用资产管理服务的资格牌照的豁免权，在每一次交易前，都需要取得其客户的事先批准。资产管理服务的资格牌照豁

仅适用于非上市的独联体及拥有投资顾问资格牌照的投资顾问机构。对于资产管理服务资格牌照豁免这一权利，数字顾问和真人顾问皆可享有。

②投资组合再平衡活动。一般来说，数字顾问还会提供投资组合再平衡的服务来解决投资组合的移动，以此确保该投资组合恢复到原先建议的投资组合状态。如果投资组合的再平衡仅是为了使组合符合一开始的投资意图，而并非对组合中的投资标的进行改动，则再平衡活动被视为投资建议的附加服务。在SFA的规定下，此类的投资组合再平衡服务被视为资产管理服务中的一部分，执行再平衡决策的职员需要拥有资产管理服务的资格牌照。如果金融机构拥有豁免权，则职员无须资产管理服务的资格牌照即可帮助客户对投资组合进行再平衡。MAS对于投资组合再平衡活动豁免权的适用规则是：拥有投资顾问牌照或有资产管理服务的资格牌照豁免权的投资顾问，无须拥有资产管理服务资格牌照，即可进行投资组合再平衡活动，但该投资组合只能包括集体投资计划。在拟议的立法修正案生效之前，MAS允许拥有投资顾问资格牌照和拥有资产管理服务资格牌照豁免权的机构，在个案基础上申请涉及上市集体投资计划和再平衡服务的豁免许可。

③零售基金经理的交易纪录要求。一些数字顾问机构无法满足新加坡监管框架下保留5年交易纪录的要求，其资产管理规模也达不到申请资格牌照10亿美金的最低要求。为了支持数字顾问服务行业的发展，在遵守财产保障措施的前提下，MAS准备赋予这些达不到保留交易纪录要求或管理资产规模要求的数字顾问机构享受牌照豁免的权利，但需要履行以下的职责：首先，主要的投资经理在资产管理方面和组合投资的理论方面经验丰富，在实践和理论方面都有不俗的阅历；其次，数字顾问为客户设计的投资组合，必须以传统的ETF为主（权重至少为80%），而以对冲为目的而投资的上市公司股票、投资级债券和外汇合同等总权重则限制为20%；最后，在第一年投资业务结束之后，数字顾问必须聘请独立第三方，就其主要风险方面进行事后授权审计。

7）交易的执行

数字顾问一般通过经纪公司来执行投资组合中的交易，以此为客户提供资产管理的服务。2015年6月，考虑到非上市集体投资计划份额和上市集体投资计划份额两个品种在投资顾问业务上有相同的豁免权，MAS提议将上市集体投资计划份额的认购和赎回纳入资格豁免的适用范围。此更改生效之后，拥有投资顾问牌照或享有资产管理服务资格牌照豁免资格的投资顾问，无须拥有资产管理服务资格牌照就可通过经纪公司执行涉及非上市集体投资计划份额和上市集体投资计划份额两方面的交易。为了使拥有投资顾问牌照或享有资产管理服务资格牌照豁免资格的投资顾问能扩展其投顾业务中的交易服务，MAS建议，将资格牌照豁免的适用范围扩展到所有适用于SFA法规的证券，不再局限于集体投资计划。在拟议的立法修正案生效之前，MAS允许拥有投资顾问资格牌照和拥有资产管理服务资格牌照豁免权的机构，在个案基础上申请交易执行的豁免许可。为了使拥有投资顾问资格牌照和拥有资产管理服务资格牌照豁免权的机构能够使用经纪公司执行包含非上市集体投资计划的交易，无论是上市的指定投资产品还是非上市的指定投资产品，该机构都有义务获得的客户授权，并要求执行交易的职员拥有足够的经验。出于这方面的考虑，MAS提议，将对拥有投资顾问资格牌照和拥有资产管理服务资格牌照豁免权的机构的要求，扩展到上市指定投资产品的适用上，即此类机构在交易上市指定投资产品时，需要获得客户授权并且由有经验的人员执行交易。MAS建议，拥有投资顾问牌照或享有资产管理服务资格牌照豁免权的投资顾问，在帮助其客户进行海外上市投资产品开户时，需向客户提出相似的风险警告声明。

(3) 中国监管科技的发展

我国高度重视金融风险防控和安全监管，党的十九大报告明确指出要"健全金融监管体系，守住不发生系统性金融风险的底线"。随着金融科技的广泛应用，金融产业生态发生深刻变革，传统模式下事后的、手动的、基于传统结构性数据的监管范式已经不能满足金融科技新业态的监管需求。

在此背景下，2017年中国人民银行金融科技委员会成立，明确声明"强化监管科技（Regulatory Technology, AKA：RegTech）应用实践，积极利用大数据、人工智能、云计算等技术丰富金融监管手段，提升跨行业、跨市场交叉性金融风险的甄别、防范和化解能力"。而如何打造中国特有监管科技，将成为未来金融科技业与监管界共同关注的话题。可以预见，未来1～3年监管科技将依托于监管机构的管理需求和从业结构的合规需求，进入快速发展阶段，成为金融科技应用的爆发点。

英国政府和监管当局在与科技界和金融界交流、互动的基础上，逐步厘清了监管科技运用的主要领域。包括利用新技术来帮助监管机构提高监管效率（如用机器阅读金融机构提交的文件、直接调取金融机构的交易数据等）、降低金融机构的合规成本（如通过科技手段实现合规流程自动化、自动起草符合监管规则的交易合同等）、通过技术手段高频监控金融风险（如将KYC、AML流程电子化、监测和制止非常规交易等）等举措，为我国发展监管科技具有很强的借鉴意义。

2019年8月，中国人民银行印发《金融科技（FinTech）发展规划（2019—2021年）》（银发〔2019〕209号），规划第五节分别从加强监管协调性、提升穿透式监管能力、建立健全创新管理机制等3个方面运用现代科技手段适时动态监管线上线下、国际国内的资金流向，探索金融科技创新管理机制，服务金融业综合统计，增强金融监管的专业性、统一性和穿透性。

在监管科技的具体运用方面，监管机构、金融机构和科技公司应该重视基于生物识别、大数据、人工智能技术，为市场参与者"画像"。如将人脸识别技术应用在远程开户中，通过人脸图像采集、特征提取及匹配与识别，有效识别违规者、洗钱和诈骗分子，降低客户身份识别（know your customer, KYC）的成本和欺诈风险，同时给予客户便捷体验和安全保障。重视基于大数据、深度学习、自然语言处理的舆情监控、情绪指数等方面的应用。通过对公共资讯、用户内容进行收集和分析，识别市场情绪的极端变化，供监管者和投资者及时发现和处理问题。重视基于云计算、大数据、人工智能等技术的合规应用。例如，通过识别和跟踪合规要求，分析运营数据，实时监测合规水平，包括自动化审计、信息披露等具体领域。重视基于大数据、区块链、云计算的交易监测应用。建立实时交易监控和审计、端到端的信息验证、自动化系统和风险预警机制。重视基于机器学习、人工智能等大数据分析技术的风险管理与监管报告应用。优化风险管理流程，提高数据生成、压力测试和情景分析的效率，建立数字化报送制度，从而为监管部门自动识别和预警风险提供依据。

(4) 风险资本对监管科技的助推作用

风险资本推动了监管科技快速发展。2017年，涉及监管科技的投融案例已达到近150笔，金额达到13亿美元（对比参考全球范围中金融科技整体笔数的650笔、整体金额的221亿美元）。以初期/早期投资为主，80%的项目融资在美国完成，使其成为监管科技获投的最热门地区。除美国之外，英国、加拿大、印度、爱尔兰合计占据剩余地区75%的获投。

据德勤研究报告《监管科技世界》显示，截至2019年4月，全球20个国家和地区的前299家监管科技公司分别涉及监管报告（34家）、风险管理（44家）、用户身份识别（76家）、合规咨询（119家）、交易监控（26家）5个方向。其中英国的监管科技公司数量最多，有84家。在被德勤列入统计的84家英国监管科技公司中，有13家主营监管报告业务、13家主营风险管理业务、18家主营用户身份识别业务、36家主营合规咨询业务、4家主营交易监控业务，其中11家监管科技公司除提供技术服务外，还提供咨询服务。

2019年9月，在日本召开的金融科技活动FINSUM大会上，剑桥大学替代金融中心（CCAF）与安永（日本）联合发布《全球监管科技基准报告》（*Global Regtech Benchmarking Report*）。报告回顾2014—2018年全球监管科技市场取得的成就，认为监管科技发展取得了巨大进步，一方面获得了风险资本的支持；另一方面从业人员规模迅速扩大。目前，全球监管科技公司从业人员约4.4万人，累计实现融资约97亿美元，2018年行业总收入突破50亿美元。

2. 监管科技应用场景

监管科技像一个混血儿，是科技与金融监管全方位融合的产物，同时也是金融科技的一个分支。根据德勤 2017 年报告 *The Regtech Universe On The Rise* 显示，监管科技可以分为 KYC 场景、交易行为监控场景、合规数据报送、法律法规的跟踪、金融压力测试等五大服务场景。

（1）客户身份识别（KYC）

客户身份识别是金融监管中识别风险、防控风险工作中的重要环节。同时，客户身份识别也是我国反洗钱法律制度的强制性要求，是金融机构及其工作人员必须履行的法律义务。

传统的客户身份识别主要靠人工，而借助机器学习、自然语言处理、生物识别技术等技术，可以提高客户识别效率，预警一切可疑客户与可疑交易行为。随着金融科技的发展，越来越多的金融业务向线上转移，这一变化使客户身份识别在金融监管中的作用越发重要。

区块链技术在 KYC 应用中大放光彩，基于区块链联盟的监管平台可以实现安全可控的 KYC 信息共享。金融机构和监管机构可以成立基于区块链联盟的监管平台，通过区块链技术实现 KYC 分布式存储和认证共享，任何加入监管平台的金融机构只要将经过认证的 KYC 信息存储到区块链，其他节点上的金融机构和监管机构即可同步得到一致的信息，监管机构可以对交易行为进行事中或事后监管。

加入区块链平台的 KYC 信息在每次被写入或修改时，需要被执行机构签名确认，实现安全可控的 KYC 信息共享，避免重复的客户身份认证，降低监管合规成本。

金融机构在审查和评估客户申请资料时，可以通过机器学习预判客户行为。传统的 KYC 合规主要靠问卷调查，现在可以基于大数据分析客户的客观、主观数据，基于自然语言处理技术洞察客户需求，牢牢把握实际和潜在需求，实现精准客户画像，匹配所需要的产品和服务。而且金融机构可以根据风险得分对客户进行分级，确定哪类用户或产品需要进行额外的监督，从而对风险进行精确控制。将指纹识别、虹膜识别、人脸识别等生物识别技术应用于KYC合规过程，可准确验明与识别客户身份，提高客户身份识别效率，满足"了解你的客户"的法规要求，预警一切可疑客户与可疑行为。

【案例3-1】

剑桥区块链（cambridge blockchain，CB）是一家区块链身份识别初创公司，其主要业务就是建立用于身份识别的区块链系统，应对日益上涨的降低信息透明度和保护客户隐私的需求，帮助监管机构和企业进行监管合规，降低监管合规成本，优化客户体验。

在CB的区块链系统中，每个用户拥有个人身份信息的控制权，任何其他机构或个人不可随意获得、篡改、破坏该数据，且由于每一位客户在区块链中都是一个节点，金融机构和监管机构可以通过客户信息锁定唯一的客户所在节点，获取该客户的个人信息和交易数据，提高客户身份识别效率。

金融反洗钱系统防止客户身份被用于非法活动

目前，京东金融已自建反洗钱系统，在客户身份识别方面，基于完备的KYC流程及客户信息收集与验证，充分运用人脸识别、语音识别、设备指纹等技术，且凭借京东金融自身的大数据基础和数据挖掘能力，为每个客户构建出精准的画像，将客户行为立体化，提高了获取客户信息的完整性与准确性，从而进行客户风险等级划分，为不同风险等级的客户制定针对性的风控策略，这对于及时打击洗钱等犯罪行为具有重要意义。值得一提的是，除了生物识别技术，京东金融还运用了设备识别和人机识别技术，帮助企业判断操作者与账户所有者是否是同一人，防止客户身份被黑色产业分子截取、盗用或修改，用于非法活动。

(2) 交易行为监控

近年来，互联网金融快速发展，移动支付随处可见，技术进步改变了我们的日常消费生活。但在发展的同时，金融机构和广大消费者也面临金融诈骗高发的威胁。

交易行为监控是指面对纷繁复杂的互联网数字金融时代，为维护消费者利益和维持金融体系稳定，需要在交易过程中进行反洗钱、内部交易等可疑交易行为的监控。

金融科技快速发展的同时，新型欺诈手段也不断滋生，金融欺诈风险不断升级，反欺诈形势严峻。监管机构和金融机构借助大数据、云计算等技术进行实时监控，完整覆盖交易前中后全过程，最后以可视化的呈现方式提供指导意见。据互联网金融风险分析技术平台监测数据显示，截至2018年7月底，发现存在异常的互联网金融网站27 941个，互联网金融网站漏洞1570个，互联网金融网站攻击125.6万次。

传统的反欺诈技术维度较为单一、效率低下，无法应对新形势下呈现专业化、产业化、隐蔽化、场景化特征的欺诈手段。随着大数据时代的到来，互联网、人工智能、云计算、区块链等信息技术的普及应用不断催生金融新业态、新模式。利用互联网洗钱、恐怖融资等犯罪手段也层出不穷，电子支付等新金融领域成为洗钱犯罪的重灾区。

央行发布的2016年《中国反洗钱报告》数据显示，中国反洗钱监测分析中心接收大额交易报告4.12亿份，可疑交易报告543.57万份。2016年，全国检察机关批准逮捕涉嫌洗钱犯罪案件3370件、6842人，提起公诉5587件、19 688人，反洗钱形势依然严峻。

区别于传统渠道，线上渠道的特点使得金融机构对用户身份真实性核实变得非常困难。同时，线上渠道会产生高并发、海量、非结构化、多维度的数据，无论从业务角度还是技术角度对于金融机构的反欺诈能力都提出了更高的要求。面对纷繁复杂的互联网数字金融时代，金融机构和监管机构可以利用大数据、人工智能等新型技术，基于线上渠道产生的海量数据，变劣势为优势，采用大数据技术防控线上渠道产生的欺诈风险，通过机器学习手段缩短反欺诈、反洗钱模型更新迭代周期。

市场行为监控系统覆盖交易前、交易中、交易后3个阶段，实时反馈跟进。通过利用大数据、云计算等新兴技术，可以简化监管业务流程，降低成本，提高金融机构的运营效益。

交易前金融机构将合规条文和风险评估工具嵌入实时监测系统，采用大数据技术和软件集成工具，建立数据仓库。

交易中金融机构进行交易数据的挖掘、分析，自动生成合规报告并上传至实时监测平台，由此简化了传统的数据搜集、整理过程，降低人力成本。而且可以从中获得常规统计手段难以获取的数据，对金融犯罪风险、客户行为风险进行监测分析，有效提高了监管报告的准确性和及时性。

交易后通过可视化工具对多维度数据图表化处理，简明有效地呈现数据，改善了人机交互体验。同时，基于实时传送的风险监测分析，金融机构可获得更加有效、快捷的监管建议和指导，更好地了解监管法规和合规责任，在后续经营活动中不断改进自身工作。

【案例3-2】

中金金融认证中心有限公司旗下的交易监控及反欺诈系统是一套基于大数据分析的风险监控系统，采用分布流式计算平台架构，通过机器学习和神经网络等数据挖掘技术进行智能分析，可以有效地对金融机构交易数据进行实时风险监控，并依据风险级别进行决策，同时提供共享平台，在银行、公安部、法院等机构间实现规则、案件、黑名单等的信息共享（图3-3）。

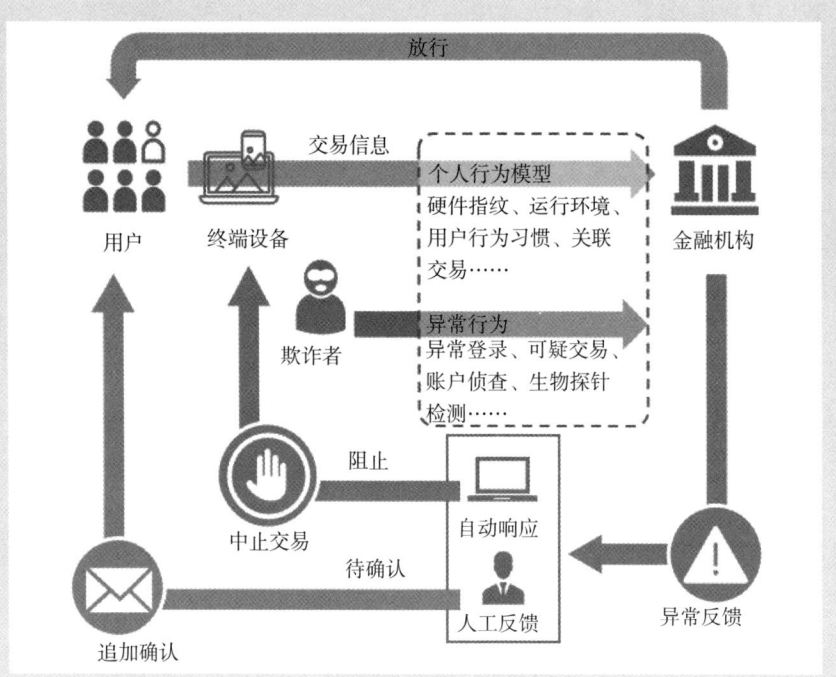

图 3-3　交易监控及反欺诈系统

（资料来源：CFCA 官网）

系统特点有以下几个方面。

智能：通过对海量交易数据进行数据挖掘，分析可疑交易行为案例，总结欺诈特征，自动更新风险特征模型；对模型进行参数和阈值优化，持续提升系统报警准确度；使用曲线、多维图或自动化报表技术呈现优化效果。

高效：具有高容错性的分布流式计算平台架构，其并行处理方式可大大提高计算速度；其存储策略可保证各个存储节点的动态平衡，实现数据的高效存取。系统采用内存与数据库互通互备的数据存储方案，提升系统健壮性。

实时：基于分布流式实时计算的分析引擎具有强大的处理能力，使实时分析器能在交易前或交易中迅速识别交易的风险，并根据风险等级发出预警信息。系统可与短信、客服、邮件等平台结合，针对高风险交易向用户主动发起核实或发送预警信息。

(3) 合规数据报送

合规报告是监管机构进行非现场监管的重要手段。自 2008 年金融危机后，监管机构对金融机构数据报送内容的要求逐渐提高，金融机构需要面向多个监管机构报送不同结构、不同统计维度的数据，合规成本不断上升。随着新一轮监管合规政策的实施，金融机构和金融科技企业需要借助新技术对现行的操作系统进行调整、改进以满足合规要求。

在金融科技赋能金融业发展的今天，数据对于金融机构尤为重要，金融监管机构对于数据的依赖程度也远高于以往，但金融机构数据处理能力仍较为落后，难以满足监管机构提出的数据要求。

一是数据处理能力较为落后。现阶段很多金融机构的基础设施还不够完善，随着交易方式的创新和交易系统的升级，交易过程中产生的海量数据更是加剧了数据处理的难度。

二是数据质量不高。金融业务开展过程中产生的大量文本、图像、音频等非结构化数据，缺乏进一步清洗加工。

三是数据孤岛现象。金融机构之间、监管机构与被监管机构之间出现了信息断层，原因如下。①不同金融机构之间数据标准化程度不同，无法实现数据的有效流通和共享；②企业出于保护商业机密或者节约数据整理成本的考虑而不愿共享自有数据，政府部门也缺乏数据公开的动力；③数据流通共享过程中无法保证数据的安全性和完整性。

基于以上原因，虽然数据整体体量较大，但是每个数据孤岛所拥有的数据没有统一的指标定义，维度也不尽相同，因此无法进行高效分析进而无法将其转化为指导合规行为的决策和行动的能力。

合规数据标准化将有效降低合规成本。金融机构合规人员在业务经营范围、数据报送口径、信息披露内容与准则、金融消费者权益保护等方面经常存在理解偏差，这容易导致监管标准难以一致。

而且，在合规数据报送方面，金融机构通常需要向多个不同职能的监管部门报送不同结构的、不同统计维度的数据，尤其是在监管力度逐渐加大的今天，合规成本更高。

对此，金融机构和金融科技企业可以将API与其操作系统进行对接、嵌套，并利用机器学习等技术对数字协议进行分析、解读，运用人工智能技术对交易数据、风险数据等进行实时、连续、动态的监控，通过云计算、大数据对风险数据进行实时分析，及时自动生成合规报告。

监管机构还可以将合规功能和计算函数转至云计算平台，方便金融机构调用进行数据清洗加工，丰富数据维度，提高数据质量，且数据处理效率将明显提高。

统一的数据报送口径制定，使合规数据的处理与报送流程标准化。金融机构可以对自有交易数据进行加工清洗，提高内部数据整合效率及数据质量，从而简化合规报告生成流程，降低合规成本。

监管API是监管机构向金融机构提供的监管科技接口，将各种监管政策、规定和合规性要求进行数字化（工具化和标准化），使其具备"机器可读"或者"可编程"的要求，方便金融机构对其内部流程和数据进行编程，并通过统一协议交换数据和生成报告。监管机构可以针对不同的监管业务定制API，API包括各种需要输入的数据和计算函数，以及输出的数据等，金融机构通过调用统一的数据报送口径，使合规数据的处理与报送流程标准化。金融机构可以对自有交易数据进行加工清洗，提高内部数据整合效率及数据质量，从而简化合规报告生成流程，降低合规成本。

①在合规数据处理阶段，金融监管部门与金融机构利用API技术、系统嵌入、云计算等方式，完成实时数据交互，减少人工干预，提高金融机构报送数据的能力，降低金融机构合规成本。在数据标准化方面，云计算能对不同维度、不同类型和不同形态的数据进行集中处理分析，实现金融机构之间数据的通用性。同时，平台各方基于云计算技术可以制定统一的金融数据统计口径（API）、数据交互标准，加强数据综合利用，实现监管合规要求的自动化处理。

②在合规数据传输过程中，可以利用安全多方计算、数据安全存储单元等加密技术保证数据在传输过程中不被窃取、篡改、破坏等，通过属性、对象和访问类型标记元数据，增强监管数据采集过程的安全性和可靠性。

③在数据清洗环节，针对海量异构金融数据，特别是由于数据来源广、关联系统多等原因而产生的低质量数据，综合运用数据挖掘、模式规则算法、分析统计等手段进行多层清洗，使获得的数据具有高精度、低重复、高可用优势，为风险态势分析等提供更为科学合理的数据支持。

(4) 法律法规跟踪

法律法规跟踪是指随着监管法规条文增加，监管形势趋严，传统应用专业合规人员的成本上升。而通过人工智能和大数据技术对海量的法律法规实现自然语言处理，帮助金融机构进行法律法规跟踪，改变传统的人工合规方式，降低合规成本，提高合规效率。

自2018年3月以来，银监会在政策上的力度明显加强，政策集中发布期再次来临。面对众多金融监管法律法规，传统利用人工合规的方式已经难以适应现在的监管需求。运用基于人工智能、大数据、云计算等新兴技术的监管科技，进行法律法规追踪是必然趋势。

近年来，P2P网贷平台、互联网欺诈交易问题迭出，国家加强了金融的监管，出台了一系列政策要求严格把握金融风险。企业和金融机构的合规已成为制约自身发展的重要因素之一。随着科技的进步，欺诈手段更加多样，金融监管政策趋紧，合规需求增加，对专业合规人员的要求提高，合规成本不断上涨。

目前，金融机构和公司采取的合规方式仍然借助人工核查手段，配备专业合规人员进行合规操作，但是这样的传统手段已经明显无法与日益更新的监管政策相适应。在金融危机之后的几年里，一家公司面对合规需求最快的解决方案是增加审计、管理风险和负责合规的总人数。然而，仅依靠这些专业人员数量增加与素质能力的提高，并不是一个可持续的解决办法。越来越多的公司正在推进数字化和自动化手动工作流程，而不是选择继续增加人员。利用人工智能、大数据、知识图谱等技术进行法律法规跟踪学习,以达到合规目的,正成为企业发展的必然要求(图3-4)。

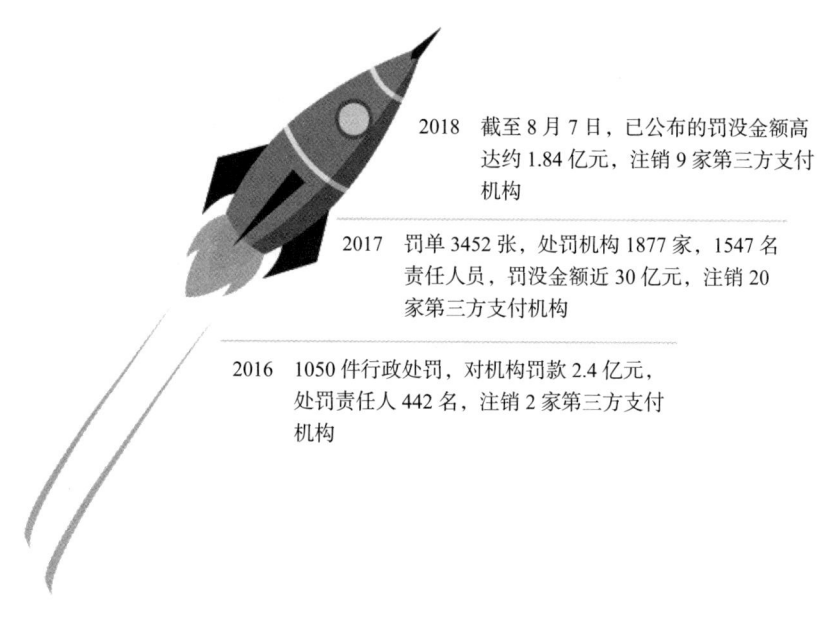

图 3-4　金融监管趋严

(资料来源:银监会官网)

人工智能是近年来的热点话题,也是发展最为迅速的新兴技术之一。通过自然语言处理和机器学习技术,可以快速处理和学习最新的法律法规和监管案例,进行案例分析推理,比较不同案例差异,进行全局化计算,评估金融风险,及时提醒金融机构调整合规操作。除此之外,人工智能和大数据技术分析还可以比较不同国家监管文件之间的关联性和差异性,帮助金融机构合法地开展跨境业务。由此可见,人工智能基础上的法律法规跟踪具有很强的实用性。

目前,应用最广泛的技术有:机器学习、自然语言处理、人机交互和知识图谱。这4项技术在法律法规跟踪中都有应用。①人工智能可以基于数据进行机器学习,从观测数据(样本)的法律法规出发寻找内在规律,利用这些规律对未来数据或无法观测的数据进行预测;②对于金融相关法律法规条文,可以通过自然语言处理,根据语境进行机器翻译、语义理解等操作;③人机交互主要包括人与计算机之间的信息交换,对法律法规的跟踪必须及时跟进反馈,监测其准确程度;④通过知识图谱的建构,可以整合不同种类的信息,搭建内部结构网络,更加全面、精准(图3-5)。

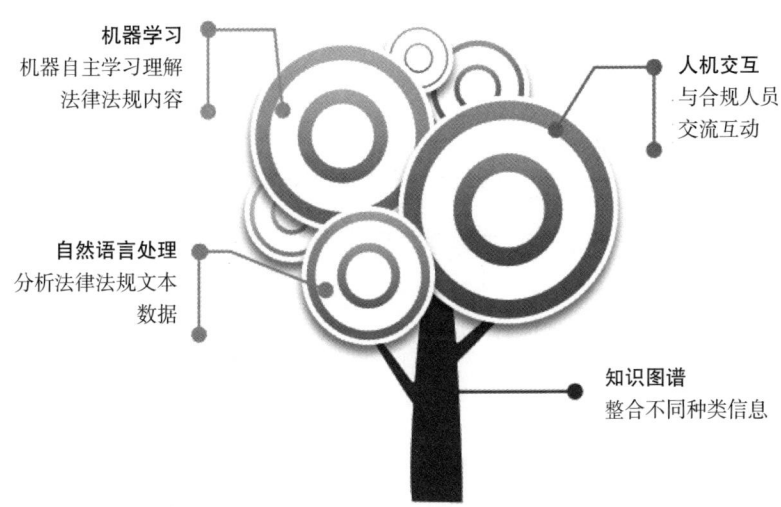

图 3-5 人工智能法律法规跟踪示意

【案例3-3】

IBM Watson 系统是开发最早且发展较为成熟的人工智能认知计算系统,具有理解、推理、学习、交互四大能力,通过自然语言理解技术分析数据、推理假设,并能够自我学习反馈、与人交互。2017年6月,IBM 收购鹏睿成为其旗下全资子公司,训练 Watson 系统掌握多达数万条的监管条文,审查与潜在金融犯罪相关的交易与案例,利用200多个法规输入系统,识别标记潜在义务,大大减少合规人员工作成本。IBM Watson 还推出了金融犯罪洞察解决方案,整合认知计算、智能机器人过程自动化、身份解析、网络分析、机器学习和其他高级分析功能,可以加快尽职调查速度,帮助企业更有效地理解和管理现有交易监控系统产生的大批反洗钱反欺诈警报,其行为监控解决方案的功能也正在进一步扩展,以求应对更广泛的金融行为风险,包括销售惯例、客户适用性和信托责任等。

整个智能合规操作流程主要分为设计、实施、评测、失误补救和培训交付 5 个阶段,完整覆盖合规全流程,利用自然语言技术学习合规条文,利用认知计算实现自动化和数字化,减少成本。合规计划设计包括:制定合规风险治理政策和程序、义务、遵约风险方法和评估系统、监视程序和系统、问题跟踪系统、董事会和高管层报告等相结合的合规报告包。合规计划实施包括:制定合规人员编制计划、临时遵约人员编制、薪酬计划中的符合性风险管理目标。合规计划评审和测试是指对计划进行评审,开始正式测试。对遵约失误的调查与补救是指针对失误项目进行调查,采取补救措施。合规培训设计与交付包括:董事会级培训、员工培训(人员和计算机基础)和合规操作专业培训(图 3-6)。

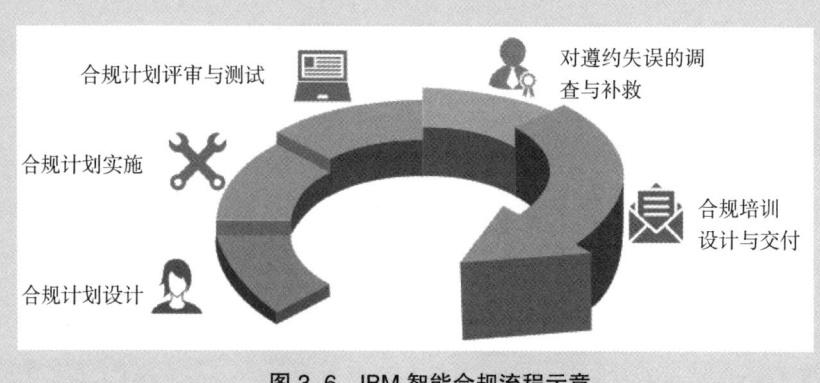

图 3-6 IBM 智能合规流程示意

(5) 金融压力测试

由于跨界金融增加了金融风险,为了及时发现潜在风险并采用相应的应对措施，金融机构可以借助人工智能、大数据等手段，更加精准地模拟真实情境下的金融状况，对金融机构进行极端条件情况下的压力测试，在多元化的模拟环境中进行金融新模式、新产品的创新实验。

从英国到新加坡，越来越多的国家已经开始了"沙盒模式"的探索推行，如何利用一个虚拟的环境减少探索实践的风险，如何通过技术手段提前检测金融压力，寻找更好的发展道路，正成为一个越来越热门的话题。

面对日益严苛的监管政策，如何在政策允许范围内设计出创新而有效的运行方案，是金融机构必须考虑的问题。从传统来说，银行常用的量化市场风险的方法是险价值（VAR）的计算，这是一种描述给定组合可能遭受损失大小的较为简易的方法，基本上可以满足各类金融机构风险控制需要。但是从全面性和探索性的角度考虑，压力测试是金融机构测量风险的重要途径。金融压力测试不仅是金融机构自身风控在特定条件下前瞻性的测试，也是监管机构辅助金融机构进行创新实践的重要路径。通过虚拟的测试，提前预知风险发生强度状况，帮助金融机构在真正面对突发极端经济状况下快速采取应对措施。

系统测试过程

自20世纪90年代以来，金融压力测试已经逐渐被国际银行和各种金融机构所采用，进行风险管理。测试人员将金融机构或资产组合置于某一特定的极端情景条件下（如经济增长骤减、股价暴跌等），观察其压力下的表现，测试其承受能力。经过多年的实践，目前的金融压力测试已经形成一套较为系统科学的测试流程。总的来说，一个金融压力测试分为3个阶段，包括选取测试范围、设定测试情境、信息披露反馈。以欧美常见的压力测试为例，通常选取信用较为良好，影响力大的金融机构进行测试；设定测试情境时一般选择历史情境或者极端情境，即已发生过的情况或者专家预想的极端金融状况，根据市场的状况和自身业务特点决定；最后是信息披露与反馈，测试机构会对整个测试过程实时监控，实时检测，适时披露相关信息，透露给金融机构更改的信号（图3-7）。新技术下的金融压力测试将借助人工智能、大数据等手段，更加精准地模拟虚拟情境下的金融状况，反馈监督过程也会更加透明。"沙盒模式""金融风洞"的探索实践是在一个力求风险最低的前提下进行策略创新的良方，目前也已经在很多国家得到推行。

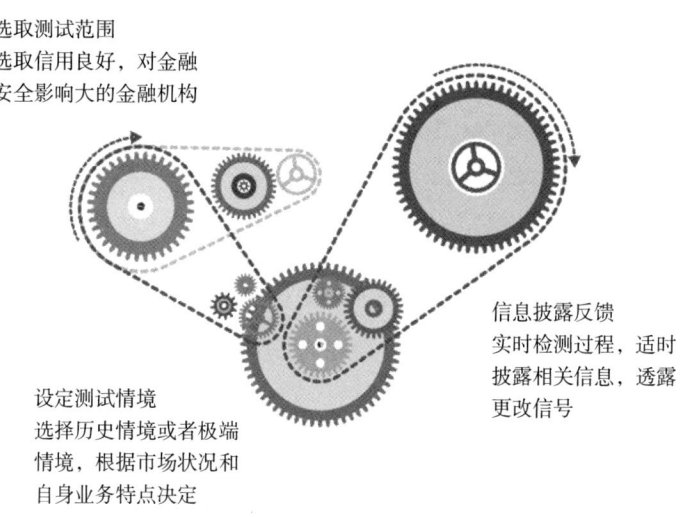

图 3-7　金融压力测试过程

【案例 3-4】

"监管沙盒"（Regulatory Sandbox）是监管科技领域的一项重要创新。金融科技的创新快速发展，有效拓宽了金融可获得性，提高了金融体系的深度和效率，被认为是影响未来金融业务模式的最重要因素之一。但同时，金融科技创新因其开放性、互联互通性、科技含量更高的特征，使得金融风险更加隐蔽，尤其是信息科技风险和操作风险问题更为突出，潜在的系统性、周期性风险也更加复杂。因此，金融监管部门希望在鼓励创新和防范风险之间达到平衡，"监管沙盒"则恰恰是其中一项有力工具。

"监管沙盒"是指金融监管部门为了促进地区金融创新和金融科技发展，让部分取得许可的金融机构或初创科技型企业，在一定时间和有限范围内测试新金融产品、新金融模式或新业务流程,并在这一过程中对测试项目降低准入门槛和放宽监管限制。换句话说,"监管沙盒"是一个测试创新产品和服务的"安全空间",通过打造一个"宽松版"的监管环境和"缩小版"的真实市场,在一个相对封闭的空间内,在风险可控的基础上对产品和服务进行测试,同时不需要担心遭受正常监管的后果。对顺利通过测试的项目,即使达不到现行法律法规的要求,监管部门也可对申请机构授权,以使其在更大范围推广;而对于未能达到预期效果或造成不良影响的项目,监管部门则有权停止测试。这样既可以鼓励金融创新,又可以有效防范金融风险(图3-8)。

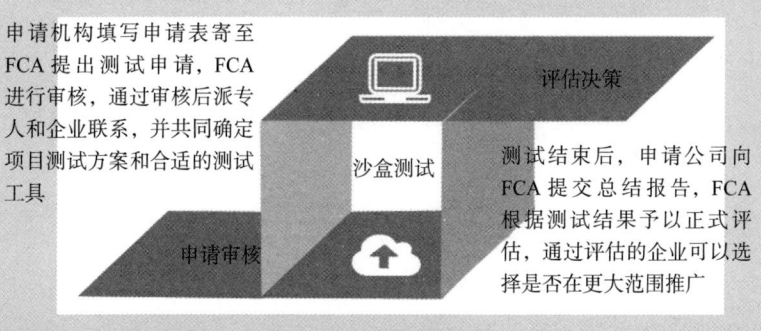

图3-8 监管沙盒示意

"监管沙盒"最早由英国提出。2016年5月9日,英国金融行为监管局(FCA)正式启动了"监管沙盒",这对于英国巩固其全球金融中心地位,引领FinTech监管规则具有战略意义。随后,阿布扎比、新加坡、澳大利亚、中国香港和中国台湾等国家和地区的金融监管部门,也相继开始"监管沙盒"计划或提出相近的监管措施。

3. 发展监管科技的意义

监管科技是从金融科技领域中扩展出来的细分行业。监管机构利用新技术提升监管水平和效率,更有效地防范金融风险;金融机构利用新技术降低合规管理的成本,保护创新动力,提升风险管理的能力。

央行有关部门的负责人曾指出,当今跨领域、跨市场产品日益丰富,不同业务互相渗透,加速了业务风险外溢,金融风险与技术风险叠加可能形成系统性风险;而基于人工智能、大数据、云计算的监管技术针对此类风险更具识别能力。监管机构如果不与时俱进,将面临更严重的信息不对称、更高级的监管套利和更复杂的系统性风险。若监管政策在风险暴露后再去完善,往往会陷入"被动监管"局面,诱发金融风险。在金融机构大范围采用金融科技的趋势下,为适应市场变化,维护金融稳定,提升监管水平和效率,监管部门应该大力推动监管科技的应用和创新。

由于监管环境的模糊性和动态性,金融机构的合规成本挑战较大。新的报送要求需要机构收集新类型的数据,开发标准化的分析方法,金融机构有时不得不投入大量资源来满足合规要求,如雇用大量员工服务于监管要求。以银行业为例,如了解你的客户(KYC)、反洗钱(AML)、压力测试、资本要求、流动性覆盖率等合规领域,依赖人力操作会消耗大量人力资源。而通过监管科技的技术创新(如人工智能),不仅能够为不断变化的监管环境提供解决方案,同时能够替代由人工手动执行的昂贵功能,提高适应新需求的可靠性和敏捷性。此前,银监会推出的"1104工程"也印证了监管科技的必要性,很多中小银行在适应合规要求的过程中面临人力成本高、时间紧迫的挑战,其最终依靠第三方金融服务企业的技术手段提供了解决方案。

从国际环境来看,《巴塞尔协议Ⅲ》与《国际财务报告准则第9号——金融工具》(IFRS 9)等准则,要求金融机构高效快速满足合规要求。从国内环境来看,一行两会近年来对于银行和非银行金融机构监管趋严,相继出台多项监管要求,对反洗钱、KYC、票据等领域的违规行为给予重点处罚,并对部分合规不达标的机构实行业务限制。因此,金融机构应通过加大监管科技的应用力度满足监管要求和降低合规成本。

金融业的本质是经营风险，利用监管科技提升新兴业务的风险管理能力，是金融机构打造核心竞争力的关键。从信用风险、操作风险、流动性风险及声誉风险等诸多角度来看，监管科技均能提供更优的解决方案。以商业银行为例，异地、轻担保、长尾客户占比增加，基于人工智能的监管技术可以帮助预警和实时监控；区块链技术可以更有力地对抗黑客窃取资料，加强业务流程稳定性，保障数据安全和隐私问题；云计算技术能够实时动态调整资产负债业务结构和期限；而大数据技术可帮助进行舆情监控，动态完成信贷客户信用风险画像等工作。

第二节　监管原则及实施机构

金融监管是金融监督和金融管理的总称。金融监管是指政府通过特定的机构，如中央银行、银保监会、证监会等，对金融交易行为主体进行的某种限制或规定。金融监管本质上是一种具有特定内涵和特征的政府规制行为。综观世界各国，凡是实行市场经济体制的国家，无不客观地存在着政府对金融体系的管制。

金融监管有狭义和广义之分。狭义的金融监管是指中央银行或其他金融监管当局依据国家法律规定对整个金融业（包括金融机构和金融业务）实施的监督管理。广义的金融监管在上述含义之外，还包括了金融机构的内部控制和稽核监督、同业自律性组织的监管、社会中介组织的监管等内容。

1. 国际监管组织

近年来，金融稳定理事会、巴塞尔银行监管委员会、支付与市场基础设施委员会、国际证监会组织等国际监管组织均成立了专门工作组，从不同角度研究金融科技的发展演进、风险变化、对金融体系的影响和监管应对等问题，探索如何相应完善监管规则，改进监管方式。

(1) 金融稳定理事会

主要关注金融科技发展对金融稳定的潜在影响,近期重点关注区块链、分布式账户技术的发展趋势和对金融稳定的影响。金融稳定理事会专门成立了金融创新网络工作组,负责金融科技相关研究工作。

(2) 巴塞尔银行监管委员会

巴塞尔银行监管委员会专门成立了金融科技工作组,主要关注金融科技对银行经营模式、市场地位和银行业系统性风险的影响,以及对银行监管提出的挑战。

相关调查显示,多数国家认为金融科技将对现有银行体系产生影响,但也一致认为,无论是科技企业从事银行业务,还是商业银行与科技企业开展合作,均应适用现行的银行监管法律法规。

此外,大多数国家均较为关注为银行提供第三方技术服务的科技企业(非持牌机构),重点分析这些机构在银行体系中的角色和地位,以及可能对银行产生的外部风险。下一步,金融科技工作组将重点对网上银行、网络支付、网络借贷融资、分布式账户、云计算等领域开展案例研究,并从创新业务的合规问题、业务模式风险、操作风险、监管机制建设等方面进行评估。

(3) 支付与市场基础设施委员会

该委员会设立在国际清算银行,成员来自各国中央银行,主要职责是制定和推动实施支付清算领域的国际标准,促进提升全球与各国支付清算体系的效率和安全性。

该委员会主要关注金融科技对传统支付方式和支付体系等金融基础设施的影响,评估金融科技对支付清算领域可能带来的潜在风险,包括对中央银行功能的影响。同时,还关注非持牌机构在支付领域的作用,以及各国可采取的监管措施。

(4) 国际证监会组织

主要关注金融科技对资本市场的影响，以及众筹融资业务风险、网络信息安全等问题，在 2014 年和 2016 年分别发布了众筹行业发展报告。目前，该组织正在全面评估区块链、分布式账户、云计算、智能投资顾问等金融科技在资本市场的应用及影响。

(5) 国际保险监管协会

主要关注金融科技发展对保险业和保险监管的影响，重点研究保险行业信息科技风险、金融科技促进普惠保险发展等问题。

2. 监管原则

受金融业务种类多，过程管控严格等影响，各国金融监管政策体系都非常庞大。总体来说，监管政策可以按照金融业务属性进行区分。如以网络平台为例，各国监管机构均根据其业务实质为信息中介还是信用中介、从事债务融资还是股权融资，决定适用的具体监管规则。

例如，在美国，对直接利用自有资金发放网络贷款（类似于网络小额贷款公司）或提供信贷信息撮合服务的网络平台，统一界定为"放贷机构"，要求其事先获得注册地所在州发放的贷款业务许可证，并接受金融消费者保护局（CFPB）的监管。

在法国和德国，网络平台在业务流程中涉及贷款发放，则被认定属于信贷业务范畴，须向监管部门申领信贷机构牌照并遵守现行监管规则。其中，许多在德国运营的网络平台通过与之合作的持牌机构（如银行）发放贷款，再将相关债权向投资者推介销售。该模式被认定为证券经纪业务，须向监管部门申请证券经纪牌照（纯信息中介且全流程不涉及客户资产和资金的模式除外）。

在英国，网络平台主要通过拆分融资项目份额，以债权或股权形式向投资者发售，因此被认定为网络众筹。英国金融行为监管局在现行监管框架下进一步细化了监管要求，于 2014 年发布了《关于网络众筹和通过其他方式推介不易变现证券的监管规则》，规定借贷型众筹（网络借贷）平台需经监管机构批准设立，并在最低资本、信息披露义务、消费者保护等方面提出了相关监管要求。

此外，各国普遍将股权众筹纳入公开发行股票的证券监管框架。一方面，根据网络平台股权众筹单笔金额小的特点，适当简化监管程序，如美国允许符合条件的众筹中介机构不需获得证券经纪牌照；另一方面，则进一步强化其他方面的监管约束和限制，如规定严格的合格投资者标准，对融资和投资规模实施限额控制，要求进行持续的风险揭示、信息披露和投资者教育等。

从国际上来看，大多数国家／地区对金融科技监管都体现了以下原则。

一是关注金融业务本质，根据其业务属性，纳入现行金融监管框架，进行归口监管。新技术在产品设计和业务模式上的应用（如互联网支付、P2P网络借贷、股权众筹等），迄今并未改变支付清算、债务融资、股权融资等金融业务的基本属性，也没有改变金融体系的基本结构。从监管角度看，无论是金融机构还是科技企业，只要是从事同类金融业务，就应取得法定金融牌照，遵循相同的业务规则和风险管理要求，以维护公平竞争的市场环境。

二是重点关注是否存在募集公众资金、公开发行证券、从事资产管理和债权拆分转让等行为。在各国的金融监管框架下，吸收公众存款、公开发行证券募集资金、从事资产管理和债权拆分转让等业务均设有严格的准入标准和监管要求。各国监管机构一致认为，市场主体不论采用何种技术形式和渠道开展业务，都需要重点关注其是否实质上向不特定人群筹集资金或吸收存款，是否实质上在从事证券发行、资产管理和金融资产交易等业务，进而判断其是否应当申领金融牌照并接受相应监管。

三是根据匹配性监管原则，按照法律授权对小额、有限范围募资活动适度简化监管程序。由于金融科技服务对象以个人或小微企业为主，交易金额通常较小，复杂程度较低，系统重要性较小。在融资金额、投资者范围有限的情况下，一些国家或地区根据金融科技具体业务模式的风险水平和系统重要性程度，适度简化监管程序，避免其承担不恰当的合规成本。但这不是对金融科技的"特定优惠"，而是基于匹配性监管（proportionality）原则的既定监管做法。

四是针对互联网特点，更加注重信息披露和投资者保护。金融科技的服务对象集中于小微企业、低收入人群等。这类群体的金融业务经验较少，金融专业知识不足，风险认知水平和承受能力相对较低，同时金融科技的"非面对面"交易形式较多，容易导致信息不对称问题。因此，各国在金融科技的监管上均更加注重信息披露和投资者权益保护。

第二篇

智能金融的基础

金融业在经历了金融电子化、互联网金融之后,进入了金融科技新阶段。大数据、区块链、云计算及人工智能等新技术的应用,解决了前两个阶段的信息传输、分享和利用方式等方面的问题,使得整个商业运营生态和运行机制发生变化,大量创新应用出现,给人工智能的应用提供了庞大的应用场景。

智能化是金融科技新阶段的主要特征之一,回顾人工智能与金融业融合发展历程可以发现,智能金融的出现并非偶然,而是金融科技迭代演变的必然。金融大数据的采集、保护、开发应用为智能化解决方案提供生产资料;金融云计算为智能金融解决方案提供算力支持,算力即意味着生产力,这些基础环境设施的建设是实现智能金融的充分必要条件;金融物联网的构建及区块链技术的应用为智能金融提供可靠真实的关系数据,将物理世界中庞大复杂的生产关系在数据层面充分呈现。

第四章

智能金融的发展基础

第一节　大数据为智能金融提供生产资料

数据是数字经济时代的新型生产资料,基于数据的生产变革和业务模式创新驱动着全球范围内经济、社会等领域的数字化、智能化转型。

国家高度重视大数据应用对促进智能金融发展和传统金融转型的双重作用。2017年,工业和信息化部印发的《大数据产业发展规划(2016—2020年)》《促进新一代人工智能产业发展三年行动计划(2018—2020年)》,明确将"金融"列为大数据应用的重点行业领域。2017年7月,国务院印发的《新一代人工智能发展规划》专门提出了"智能金融"的发展要求,指出要建立金融大数据系统,提升金融多媒体数据处理与理解能力;创新智能金融产品和服务,发展金融新业态;建立金融风险智能预警与防控系统。政策文件对金融大数据的定位,为智能金融的生产资料——金融大数据提供保障。

随着数字化转型的推进,金融机构对于自身大数据的需求越来越明显,场景也越来越具体化,能否充分利用自己的数据优势,将成为金融机构转型升级的关键。因此,积极针对大数据布局,从战略层面应对大数据时代的挑战,推进并建立起数据驱动型发展方式的金融机构,将获得比同行业更高的效率。从而应有效提升交叉销售、投资管理市场份额及能力,并由此培育出自己的信息核心竞争力。

1. 大数据与数字经济

(1) 金融大数据

移动互联网应用的爆发式增长,使得全球数据量呈指数级增加,过去两年新增的数据量占到人类历史数据总量的 90% 以上。据 IBM 预测,到 2020 年全球数据总量会达到 35 ZB (1 ZB 等于 1 万亿 GB),是 2000 年及之前总和的 50 倍。数据量的增长速度远远超过人们的想象,然而大数据真正的本质不在于"大"。

大数据是个宽泛的概念,至今没有统一的定义。麦肯锡在其报告 *Big data: The next frontier for innovation, competition, and productivity* 中,定义大数据为"大小超出常规的数据库工具获取、存储、管理和分析能力的数据集。"但它同时强调,大数据并不仅仅是指数据集的规模要超过某个特定的 TB 值才能算是大数据。

亚马逊的大数据科学家 John Rauser 给出了一个简单的定义:大数据是超过了任何一台计算机处理能力的数据量。维基百科定义大数据为:"巨量资料(big data),或称大数据,指的是所涉及的资料量规模巨大到无法通过目前主流软件工具,在合理时间内达到撷取、管理、处理并整理成为帮助企业经营决策更积极目的的资讯"。

在进行文献调研和实地考察之后,笔者认为大数据正如本章开篇所说的特性那样,是指能够很好地描述客观世界中存在的各种显性或隐性关系、规律及机制的数据的统称。数字孪生概念与之密切相关。

与传统数据不同,大数据具有 4 个方面的特征,即海量的数据规模(volume)、快速的数据流转和动态的数据体系(velocity)、多样的数据类型(variety)、巨大的数据价值(value)。

数据规模与数据体系分别指巨大的数据量及其规模的完整性、有多种途径来源的关系型和非关系型数据,即大数据的大容量与多样性。大数据提升了数据的深度和广度，一方面丰富了数据类型、增加了数据厚度，如联合金融数据和非金融数据；另一方面也扩大了数据来源，打通了金融机构和外部数据，以便更好地支持智能获客及智能风控等服务。

数据类型指处理速度，表现为对数据流和大数据的实时性需求，即大数据的快速化。大数据提升了处理速度，增强了数据的鲜活度，支持提供实时化体验，如实现秒级审批、实时的风控服务等。

数据价值指大数据的价值往往呈现出稀疏性的特点，即大数据的价值化。大数据技术通过找出数据中被忽视的关联性，挖掘隐藏的数据价值，为智能金融的产品和服务创新创造了空间。利用 LBS 数据能够间接发觉并丰富包括工作情况和方式等在内的用户画像和特征。

上述描述是从数据本身出发，并没有重视大数据的功能，即大数据能帮助我们干什么？若要想揭示大数据的功能，我们需要了解大数据技术。

大数据技术是从类型各异、内容庞大的数据中快速获得有价值信息的技术。大数据处理的关键技术主要包括：数据采集、数据预处理（数据清理、数据集成、数据变换等）、海量数据存储、数据分析及挖掘、数据的呈现与应用（数据可视化、数据安全与隐私等）（图 4-1）。

从传感器网络、社交媒体等数据源中获取结构化、半结构化和非结构化数据，并将数据主体进行预处理与存储是大数据环境下处理与分析数据的基础。大量数据在这一环节中被清理、集成和变换，成为"合格"的数据，从而被进一步分析与利用。

1）数据采集

大数据技术的第一步也是关键一步便是数据的采集。大数据采集体系包括智能感知层和基础支撑层。基础支撑层主要提供大数据服务平台所需的物理介质，如数据库资源、物理传输资源、物联网资源等。智能感知层主要包括数据传感网络、无线射频网络（RFID）、智能识别网络（二维码）及资源接入系统，实现对非结构化、半结构化、结构化的海量数据的智能化识别、定位、接入、传输、监控、初步处理和管理等（图 4-2）。

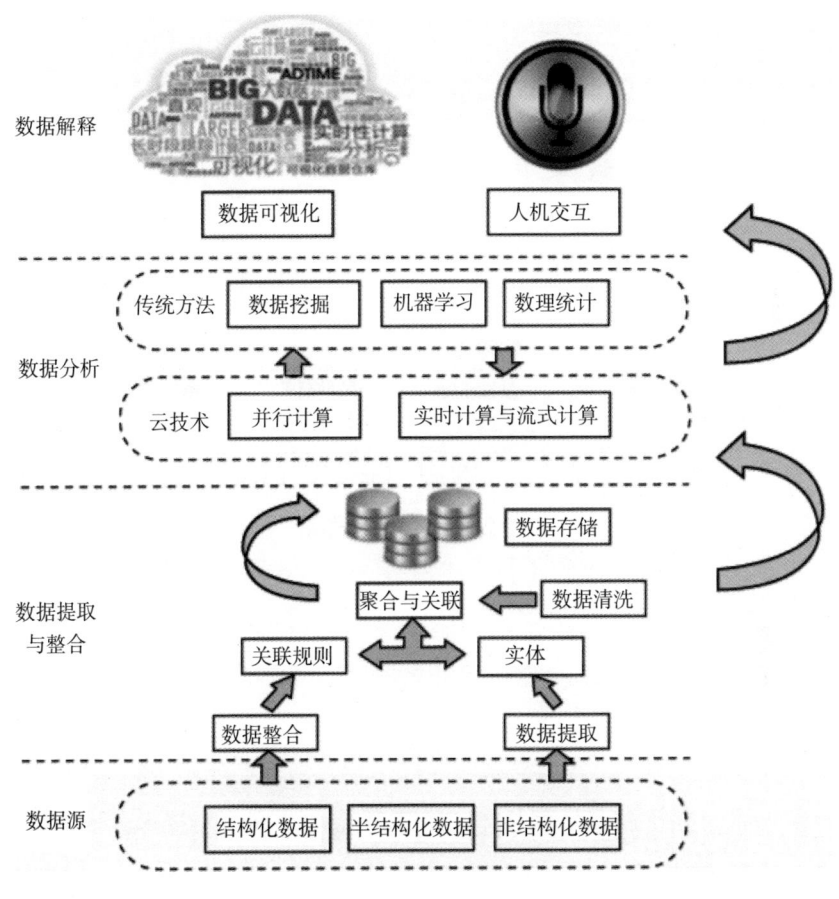

图 4-1　大数据核心技术

2）数据预处理

数据预处理技术主要包括数据清理、数据集成及数据变换。数据清理可以去掉噪声数据及异常数据，纠正数据中的不一致。而数据集成可以将来自不同数据源的数据合并成一致的数据存储，如数据仓库。数据变换可以改进涉及距离度量的挖掘算法的精度和有效性，将不同度量下的数据归一化，使得数据的应用比较有意义。这些数据预处理技术在数据分析之前使用，可以大大提高数据分析的质量，提高分析的速度与准确性。

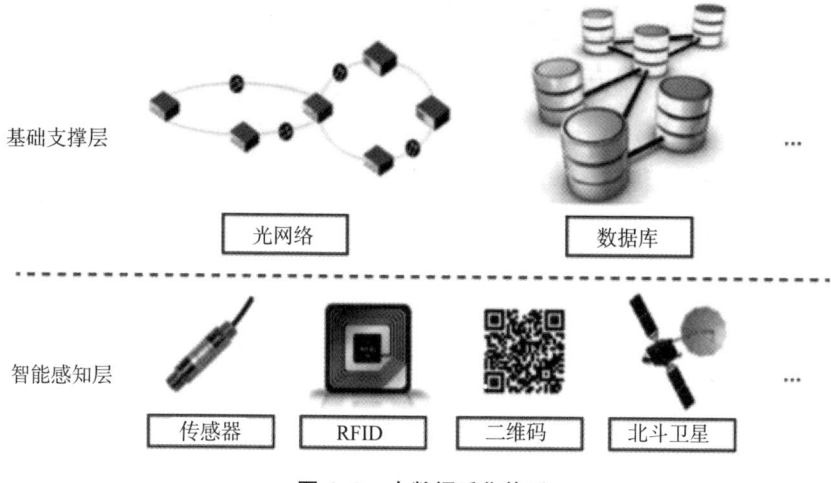

图 4-2　大数据采集体系

3）数据存储

在大数据的环境下，为保证高可用、高可靠和经济性，往往采用分布式存储的方式来存储数据，采用冗余存储的方式来保证存储数据的可靠性，即为同一份数据存储多个副本。海量存储的关键技术包括并行存储体系架构、高性能对象存储技术、并行 I/O 访问技术、海量存储系统高可用技术、嵌入式 64bit 存储操作系统、数据保护与安全体系、绿色存储等。

4）数据的分析与挖掘

为了实现抽取大数据中有价值的信息，必须对经过预处理之后的数据进行分析与挖掘。目前，针对海量数据的分析方法主要有并行计算、实时计算与流式计算。

5）数据的隐私保护

在大数据时代，云端可以每时每刻对用户的信息进行采集，使每一个用户成为"透明人"，因此当前亟须针对大数据面临的用户隐私保护、数据内容可信验证、访问控制等安全挑战，提出相应的解决方案。在数据的隐私保护方面主要用到的技术有数据发布匿名保护技术、数据溯源技术与社交网络匿名保护技术。

6) 数据中心体系结构

网络数据中心作为大数据服务的天然载体，是实现大数据分析的基础设施。在这一领域，代表性的研究与应用成果有基于"胖树"的类树型结构拓扑、递归构建的数据中心 DCell、使用双网卡 PC 机和低端交换机来搭建数据中心的方案 FiConn 等。

大数据的广泛应用，使得人们逐渐意识到"数据资产"的重要性。过去人们只把"数据"看作客户来办理业务过程中所产生的一种附属物。现在数据资产成为企业的核心资产，掌握数据就可以深入洞察市场需求，并辅助做出快速而精准的决策，带来巨大的投资回报。企业战略也将从"业务驱动"转向"数据驱动"，对数据进行有效的管理和运用，能使企业在数字化转型变革过程中拥有绝对的核心竞争力。

(2) 数字经济

数字经济是随着信息技术革命发展而产生的一种新的经济形态。近年来，随着我国开始更多从经济视角观察数字化问题，数字经济开始升温。

中国信息通信研究院定义数字经济为"以数字化的知识和信息为关键生产要素，以数字技术创新为核心驱动力，以现代信息网络为重要载体，通过数字技术与实体经济深度融合，不断提高传统产业数字化、智能化水平，加速重构经济发展与政府治理模式的新型经济形态。"

腾讯研究院及工业和信息化部电子科学技术情报研究所联合发布的《数字白皮书》根据数字化程度的不同，将数字经济分为信息数字化、业务数字化、数字转型，其中数字转型是数字化发展的新阶段，指数字化不仅能扩展新的经济发展空间，促进经济可持续发展，而且能推动传统产业转型升级，促进整个社会转型发展。

中国数字经济的主要商业模式经历了一段较长时间的演变,从信息传播到电子商务,从网络服务到智能决策,新模式和新企业不断涌现,商业模式重心向用户端倾斜,技术成为行业核心的驱动力,但争夺流量和积累用户规模仍然是商业模式成功的关键要素。

根据中国信息通信研究院发布的《中国数字经济发展白皮书(2017)》,我国数字经济正在进入快速发展新阶段。2016年,中国数字经济规模达到22.6万亿元,同比增长18.9%,占GDP比重达到30.3%,数字经济基础设施实现跨越式发展。数字经济基础部分增势稳定,结构优化,新业态、新模式蓬勃发展,传统产业数字化转型不断加快,融合部分成为增长主要引擎,面向数字经济的社会治理模式在摸索中不断创新。

数字经济在各行业中的发展出现较大差异。2016年,服务业中数字经济占行业比重平均值为29.6%,工业中数字经济占行业比重平均值为17.0%,农业中数字经济占行业比重平均值为6.2%。我国数字经济增速显著高于宏观经济景气指数,成为拉动经济增长的重要引擎。

我国发展数字经济还面临很多问题与"瓶颈",主要是新型生产力发展尚处于初级阶段,数据资源开发利用水平低,核心技术和设备受制于人,人才和投融资体制还无法适应数字经济发展需要,经济主要领域数字化转型仍存在较多障碍,国际化拓展刚刚起步,数字经济市场体系尚不健全,经济治理面临全新挑战,全球竞争和话语权争夺日益激烈。

(3) 数字经济与大数据关系

数字经济是以新一代信息技术为基础,以海量数据的互联和应用为核心,将数据资源融入产业创新和升级各个环节的新经济形态。一方面,信息技术与经济社会的交汇融合,特别是物联网产业的发展引发数据迅猛增长,大数据已成为社会基础性战略资源,蕴藏着巨大潜力和能量;另一方面,数据资源与产业的交汇融合促使社会生产力发生新的飞跃,大数据成为驱动整个社会运行和经济发展的新兴生产要素,在生产过程中与劳动力、土地、资本等其他生产要素协同创造社会价值。相比其他生产要素，数据资源具有的可复制、可共享、无限增长和供给的禀赋，打破了自然资源有限供给对增长的制约，为持续增长和永续发展提供了基础与可能，成为数字经济发展的关键生产要素和重要资源。

大数据改变了企业的生产运营方式。劳动由劳动者与生产资料组成，而当数据成为新的生产要素和重要资源后，企业的生产运营方式也必然会发生变化。

首先，数据成为生产要素使信息部门从成本中心变成了利润中心。数据不再是业务办理的附属产物，而是蕴藏着客户需求的资源，可以利用其进行客户的个性化营销，以此创造价值。

其次，使企业的战略方向从"业务驱动"向"数据驱动"转变。在大数据时代，数据是企业的核心资产，因此掌控数据就可以深入洞察市场，从而做出快速而精准的应对策略，也就意味着巨大的投资回报。由此，企业战略也将从"业务驱动"转向"数据驱动"，数据化决策是企业未来的发展方向。对数据进行有效的管理和运用，能使企业在转型变革过程中拥有绝对的核心竞争力。

最后，数据成为生产要素与重要资源会改变企业决策者的思维方式。过去很多企业对自身经营发展的分析只停留在数据和信息的简单汇总层面，缺乏对客户、业务、营销、竞争等方面的深入分析。如果决策者只凭主观与经验对市场进行评估而制定决策，将导致战略定位不准，存在很大风险。在大数据时代，企业通过收集、分析企业内部和外部的数据，获取有价值的信息。通过挖掘这些信息，企业可以预测市场需求，进行智能化决策分析，从而制定更加行之有效的战略。

2. 金融大数据发展现状

随着金融业数字化转型，金融机构对于自身大数据和数字科技的需求越来越明显，场景也越来越具体化，能否充分利用自己的数据优势和数字科技手段，将成为金融机构转型升级的关键。因此，积极针对大数据布局，从战略层面应对大数据时代的挑战，推进并建立起数据驱动型发展方式的金融机构，将使金融机构获得比同行业更高的效率，形成信息核心竞争力。

目前，大数据在金融业的应用场景正在逐步拓展，在风险控制、运营管理、销售支持和商业模式创新等细分领域都得到了较为广泛的应用，大数据的金融应用场景越来越具体化。在银行业，大数据技术被用于信贷风险评估、供应链金融授信管理等；在证券业，大数据技术可以用来预测股市行情、量化市场情绪、智能投顾等；在保险行业，借助大数据手段可以实现骗保识别、风险定价等；在支付清算方面，基于大数据技术的交易欺诈识别已经逐渐被支付服务供应商应用；在互联网金融领域，精准营销、黑产防范与消费信贷的蓬勃发展也离不开大数据的支持（图4-3）。

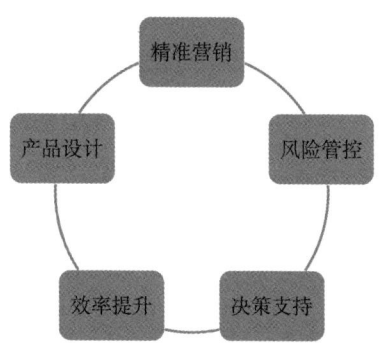

图4-3　金融机构大数据应用

依据客户消费习惯、地理位置、消费时间进行推荐实现精准营销；依据客户消费和现金流提供信用评级或融资支持，利用客户社交行为记录实施信用卡反欺诈实现风险管控；利用金融行业全局数据了解业务运营薄弱点，利用大数据技术加快内部数据处理速度实现效率提升；利用大数据计算技术为财富客户推荐产品，利用客户行为数据设计满足客户需求的金融产品。

根据中国支付清算协会金融大数据应用研究组的研究显示，目前我国金融大数据的发展具有以下4个特点。

(1) 金融大数据的应用基础——金融云

金融云具备的快速交付、高扩展、低运维成本等特性，能够在充分考虑金融机构对信息安全、监管合规、数据隔离和中立性等要求的情况下，为机构处理突发业务需求、部署业务快速上线、实现业务创新改革提供有力支持。因此，金融业一直较为积极地推动云计算的落地。

目前，大型金融机构纷纷开启了基于云计算的信息系统架构转型之路，逐步将业务向云迁移。大型金融机构普遍青睐混合云架构，将非核心应用迁移到公有云上，再将部分核心应用迁移到私有云平台上，关键业务继续使用传统架构。新兴金融机构如蚂蚁金服、微众银行等在诞生之初就把所有IT系统架构在云上。

(2) 金融大数据应用的首要关注点——实时计算分析能力

金融机构的业务要求大数据平台具有实时计算的能力。目前，金融机构最常使用的大数据应用场景为精准营销、实时风控、交易预警和反欺诈等业务，都需要实时计算的支撑。以精准营销和交易预警为例，精准营销要求在客户短暂的访问与咨询时间内发现客户的投资倾向，推荐适合的产品。交易预警场景要求大数据平台在秒级完成从事件发生、到感知变化、到输出计算结果的整个过程，识别出客户行为的异常，并做出交易预警。因此，流式计算框架的实时计算大数据平台目前逐渐在金融机构得到应用，以满足低延时的复杂应用场景需求。

(3) 大数据应用分析能力推动金融业务创新

随着客户对服务体验的要求越来越高，金融机构需要随时随地都能提供服务，产品设计的更易用、更直观，响应速度更快速。金融机构提供产品和服务的重点，也从简单的标准化，转变为个性化。

大数据能够在产品设计和客户服务两方面提高创新能力。在产品设计上，大数据能够更好地利用现有数据，为客户进行全面的客户画像，识别客户的需求。基于精准的客户认知，金融机构可以细分客户的需求，从而针对性的设计出符合客户个性化需求的、场景化的产品；在客户服务上，大数据可以提高产品的自动化程度，从而扩大产品和服务的范围、拓宽客户基础，使得金融机构得以覆盖以前服务不到的长尾客户。此外，产品自动化还能够快速对客户需求做出反应，提高客户黏性。

(4) 以支付宝、财付通为代表的金融数据寡头出现

互联网和科技行业存在的"赢家通吃"模式，在金融行业继续上演。随着行业的快速整合，原来分散在各家金融机构的数据正快速向金融科技行业巨头集中，从而形成数据寡头。

以支付行业为例，原来分散在各家银行手中的支付数据正快速向支付宝和财付通集中。目前，支付宝和财付通已经覆盖了绝大多数消费场景，包括电商购物、餐饮、出行、航旅、公共事业缴费、线下购物等。过去银行可以通过借记卡和信用卡的消费记录来分析客户的消费行为，为金融企业的服务和产品设计提供支持。现在这些小额消费行为很多都通过第三方支付发生，银行无法拿到具体的消费数据。客户消费数据的缺少，正在影响银行对个人客户的了解和分析。

普华永道调研显示，在所有金融科技中，大数据是金融行业投资和应用的首选。从内在需求来看，在互联网金融模式的冲击下，整个金融业的运作模式正在重构，行业竞争日益激烈，基于数据的精细化运营需求日益迫切。从应用基础来看，金融业是最有意愿进行信息化投入的行业之一，经过多年的信息沉淀，各系统内积累了大量高价值的数据，拥有用于数据分析的基础资源。从产品供应来看，大数据产品已经越来越成熟，技术供给越来越丰富，部署成本直线下降。

作为金融领域经典业态——银行业，也在积极将自身内部运营及业务活动与大数据进行结合，用大数据推动自身发展与变革。

数据、场景和模型是银行运用大数据的3个基本要素。实际上，从这3个方向出发都可以驱动大数据产品的研发。将业务需求转换为大数据应用场景，适合于银行传统业务过程中的数据分析；从企业内外部数据资产应用出发寻找应用方向，适合于产融结合过程中的大数据风控、营销等领域；从创新模型与技术应用出发，用新方法解决新问题（图4-4）。

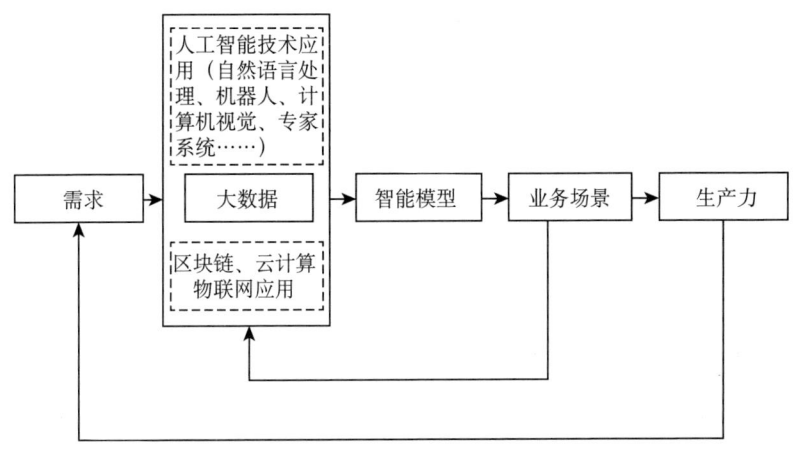

图 4-4 银行业大数据应用流程

3. 风险资本推动大数据行业发展

风险资本意识到大数据在智能社会、数字经济中的基础性作用后，积极投资大数据企业。从大数据企业各阶段获得资本支持数量来看，当前我国大数据企业还处于发展早期阶段，中后期数量较少。

据《2018 中国大数据企业报告》显示，在 292 家大数据企业中，获 B 轮以前融资企业较多，为 148 家，占样本的 51%，且这些融资均额多为千万级人民币；而 B 轮融资与 C 轮融资占比分别为 20%（57 家）、10%（30 家），融资额度逐渐增多，亿级以上的融资企业不少（图 4-5）。

虽然我国大数据行业整体还处于初级阶段，技术能力、技术落地能力有待提高，但仍然获得了风险资本的支持，成功融资案例较多，投资方对于大数据技术及其落地普遍持乐观态度。

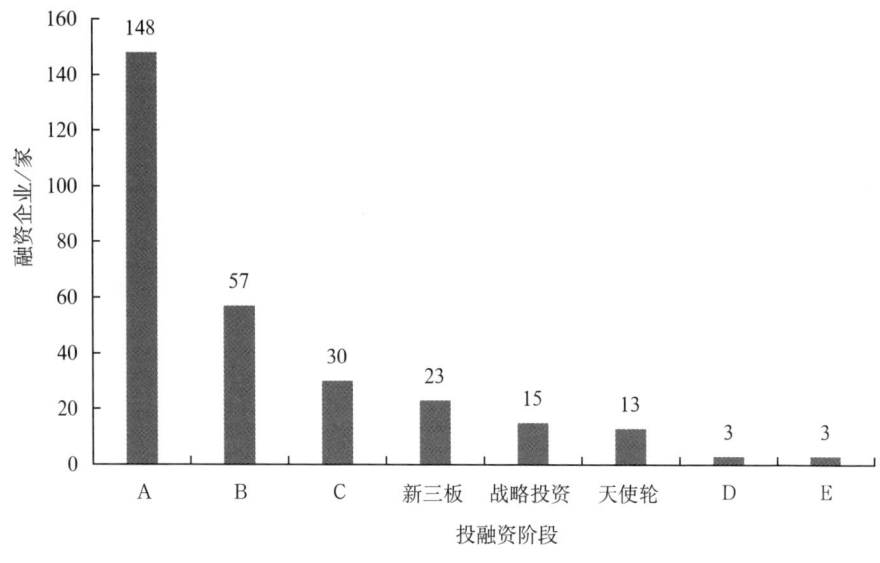

图 4-5　2018 年中国大数据企业融资轮次分布

（资料来源：数据观）

大数据行业产品的快速迭代，使得大数据产业发展逐渐呈现出"两级分化"的趋势，即技术成熟与落地能力好的大数据企业发展得越来越好，而起步较晚的中小型企业则尚在探索期。而中后期融资案例数量减少可能是由于大数据行业还处于新兴发展阶段，发展比较好的大数据企业数量不多，而发展强劲的企业在创业后期阶段能获得非常好的现金流，从而融资需求不强烈。

第二节　云计算为智能金融提供生产力保障

1. 云计算的发展历程

云计算（cloud computing）是分布式计算的一种，指的是通过网络"云"将巨大的数据计算处理程序分解成无数个小程序，然后，通过多部服务器组成的系统处理和分析这些小程序得到结果并返回给用户。现阶段所说的云服务已经不单是一种分布式计算，而是分布式计算、效用计算、负载均衡、并行计算、网络存储、热备份冗杂和虚拟化等计算机技术混合演进并跃升的结果。

美国国家标准与技术研究院（National Institute of Standards and Technology，NIST）定义云计算为一种按使用量付费的模式，通过云计算，用户可以随时随地按需从可配置的计算资源共享池中获取网络、服务器、存储器、应用程序等资源。这些资源可以被快速供给和释放，将管理的工作量和服务提供者的介入降低至最少。

20世纪90年代末，云计算以SaaS服务的形式出现，直到2006年，亚马逊推出的AWS（Amazon Web Services）开始以Web服务的形式向企业提供云计算服务，业界才真正开始重视这种新的IT服务模式。随后，IBM、Google、微软等企业也加入云计算服务领域，促进行业进入发展快车道。政府、行政管理部门、企业逐渐接受云服务理念，并进一步进行应用，云服务将真正进入产业的成熟期。

在国外，云计算在金融领域已经有了相对成熟的应用。如Inovance成立于2013年，是一家基于云计算的金融数据管理平台，通过大数据分析和人工智能技术的应用，普通人也可以在平台进行投资分析和金融市场研究。他们开发的SaaS软件"TRAIDE"已经推出市场，能够同时容纳1800万用户和上千家金融机构同时在线。据Gartner报告，2016年全球云计算市场规模是2066亿美元，金融云占超过20%的份额，且在不断扩大中。

自2010年以来，我国云计算政策持续利好，国内的云计算市场总体保持快速发展态势。2015年，国内的云计算市场整体规模达378亿元，增速为31.7%。公有云市场呈爆发式增长，公有云、混合云基本走向成熟。在私有云方面，由于政府机构大力推进"互联网+"发展战略，推动云计算、大数据、物联网和移动互联网等技术的普遍应用，政府、企业、医院等机构普遍选择在本地建设云平台或选择本地云平台服务商建设专有云（私有云），作为其应用系统的承载层。

从云计算部署的角度，云计算分为私有云、社区云、公共云和混合云。私有云被一个组织管理操作；社区云由多个组织共同管理操作，具有一致的任务调度和安全策略；公共云由一个组织管理维护，提供对外的云服务，可以被公众所拥有；混合云是以上两种或两种以上云的组合。从云计算服务的角度，云计算服务类型可以分为基础设施即服务（IaaS）、平台即服务（PaaS）、软件即服务（SaaS）（图4-6）。

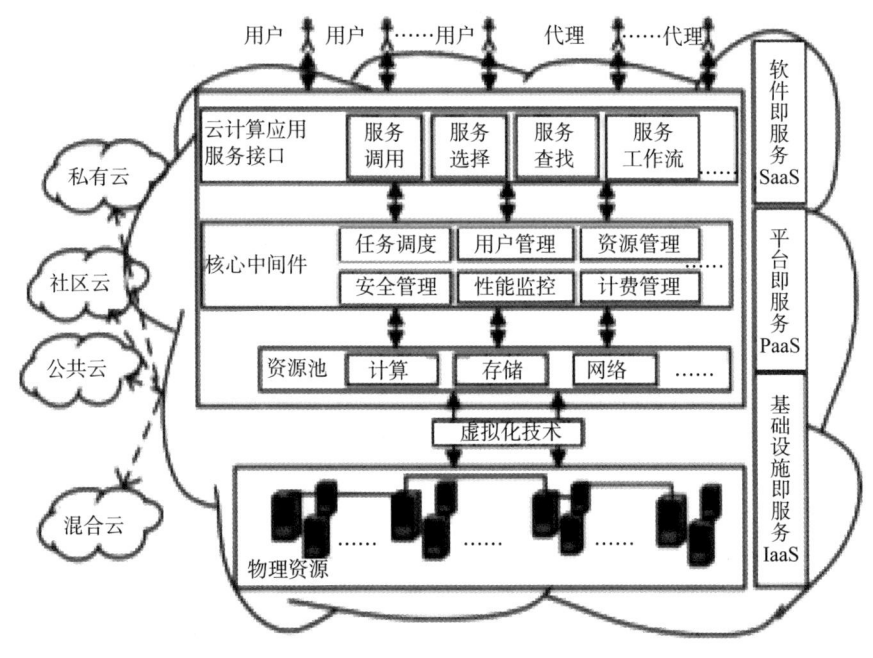

图 4-6　云计算框架

云计算提供的不同层次服务使开发者、服务提供商、系统管理员和用户面临许多挑战。如图4-6所示，底层的物理资源经过虚拟化转变为多个虚拟机，以资源池多重租赁的方式提供服务，提高了资源的效用。核心中间件起到任务调度、资源和安全管理、性能监控、计费管理等作用。一方面，云计算服务涉及大量的调用第三方软件及框架和重要数据处理的操作，这需要有一套完善的机制，以保证云计算服务安全有效地运行；另一方面，虚拟化的资源池所在的数据中心往往电力资源耗费巨大,解决这样的问题需要设计有效的资源调度策略和算法。在用户通过代理或者直接调用云计算服务的时候,需要和服务提供商之间建立服务等级协议(service level agreement,SLA),那么必然需要服务性能监控,以便设计出比较灵活的付费方式。此外,还需要设计便捷的应用接口,方便服务调用。而用户在调用中选择什么样的云计算服务,这就要设计合理的度量标准并建立一个全球云计算服务市场以供选择调用。

云计算作为推动信息资源实现按需供给、促进信息技术和数据资源充分利用的技术手段,与金融领域进行深度结合,是金融行业可持续发展的必然选择。

2. 云计算与金融

云计算的出现说明计算能力也可以作为一种商品通过互联网进行流通。金融云不仅为金融创新提供技术和信息支持,还能使金融机构以更低的成本获取更强的计算能力和服务能力,降低中小微金融机构的服务门槛,推动普惠金融发展。

(1)云计算降低了金融机构的信息资源获取成本

传统模式下,实力强劲的大型金融机构自己购买硬件基础设施,通过本机构的信息部门搭建符合自己业务需求的软硬件环境,开发各类业务软件;或者向外部供应商购买相关软硬件设备及人力服务,内部技术团队在此基础上进行集成运维和二次开发等工作。而大多数中小金融机构只能采取后一种方式获取科技信息资源,有的甚至因为内部科技实力薄弱,只能完全依赖外包形式支撑其开展各项业务服务。传统模式下这种信息资源的获取方式耗费的人力物力财力巨大,对金融机构而言是一项沉重的负担。

而云计算的出现与应用,大大地降低了金融机构的资源获取和应用成本。一方面,出于规模效应和专业化分工,云提供者能以更低廉的价格向金融机构提供服务,安排专业人员对基础设施进行维护,金融机构无须为此耗费人力物力财力;另一方面,金融机构根据实际需求使用云上的IT资源,并按实际使用量进行付费,减少了为闲置资源付出的不必要成本。

(2) 云计算降低了金融机构的资源配置风险

传统信息模式下,金融机构很容易出现过度配置(IT 资源利用率不足)和配置不足(IT 资源过度使用)问题。当金融市场波动引发突发性的用户需求暴增时,传统金融机构内部 IT 资源可能会配置不足,无法响应用户的所有需求,甚至导致系统崩溃;而过度的配置又会带来资源浪费。甚至当内部 IT 资源出现故障时,金融机构可能永久性地丢失部分交易数据,严重影响其正常运营。

云计算提供 IT 资源池及使用资源池的工具和技术,使得金融机构能够随时随地、动态地获取所需的 IT 资源,由此金融机构可以根据实际需求的波动自动或手动调整其云上的 IT 资源。既不会造成资源闲置,也避免了使用需求达到阈值时可能出现的损失。通过在不同物理位置布置 IT 资源,使得当云中的某个设备出现异常时,能够在极短时间内快速将其数据拷贝到其他设备上,使金融灾备问题得到很好的解决,提高金融数据的可靠性。

(3) 云计算提高了金融机构的 IT 运营效率

金融云使得金融机构信息共享速度得到加快,服务质量得到提高。同时大大提高了金融机构的数据处理能力,它能在短时间内从海量数据中快速提取有用信息,为金融机构的各类分析或商业决策提供依据。

云服务提供商将信息资源打包,直接为金融机构提供现成的解决方案,使金融机构对信息资源进行开发管理的时间大大缩短。云计算的升级方式非常灵活,完全可以支持业务的动态变化,金融机构也不会因为兼容问题而被迫使用一个厂商的软、硬件。云系统是一个开放的生态环境,互联网上的各种云服务资源,能够方便地进行整合扩充。

3. 风险资本对云计算的支撑

自 2009 年阿里巴巴正式启动云计算研发与应用以来,国内云计算竞争正式拉开序幕。据前瞻产业研究院发布的《2014—2019 年中国云计算产业发展前景与投资战略规划分析报告》显示,2019 年是国内云计算发展的升级节点。在此以前,国内云计算的竞争主要是基础设施层面的"上云",而 2019 年以后,基于 AI 能力的云渗透到企业的业务层，推动行业和产业的转型改造。

随着云计算技术和应用的发展，云计算投资也由高速增长向平稳发展转变。2016 年是云计算融资数量的转折点，全年完成 627 起融资，达到历史峰值。此后，中国云计算领域投资数量开始下降，2018 年国内市场全年共计 308 家公司获得投资，获得投资数为近 4 年最低（图 4-7）。

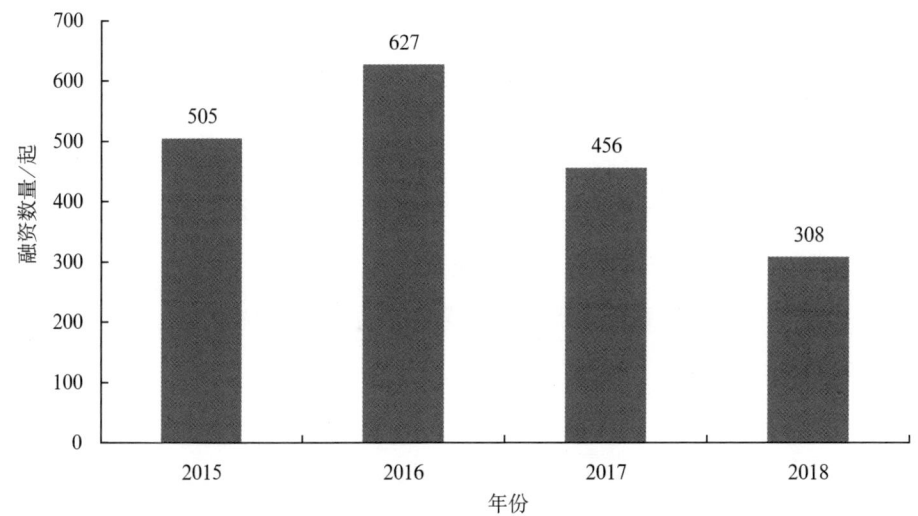

图 4-7　2015—2018 年云计算行业一级市场融资数量情况

（资料来源：前瞻产业研究院）

从投资轮次角度看，投资偏好后移说明我国云计算产业发展较快，企业发展状态良好，市场竞争激烈。2018 年，云计算行业投融资占比最多的是天使轮、种子轮、A 轮等偏前期轮次，占比达到 59%。天使轮、种子轮、A 轮 59% 的投资项目处于前期，符合一级市场投资的特点。

此外，B 轮（12%）、C 轮（6%）等中期轮次占比同样较高，2018 年中期投资占比达到 44%，可以看到，各发展阶段的云计算公司均会受到市场青睐（图 4-8）。

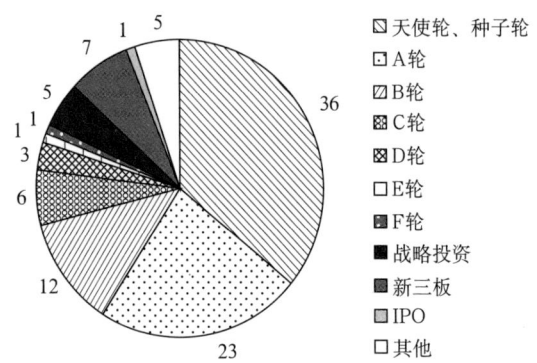

图 4-8 2018 年云计算行业一级市场投融资轮次分布情况
（资料来源：前瞻产业研究院）

从 2015 年开始，云计算行业一级市场前期投资占比逐年下降，2018 年更是跌至 40% 左右，而中期投资和后期投资占比均增加到 44%。云计算市场投资偏好后移，存量标的融资有所强化，优质标的发展到中期仍是资本关注热点（图 4-9）。

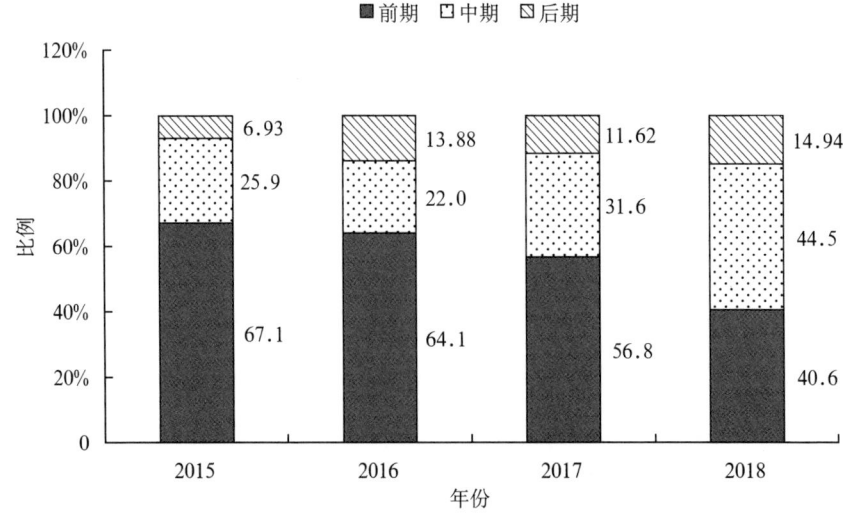

图 4-9 2015—2018 年云计算行业投融资时期分布情况
（资料来源：前瞻产业研究院）

与其他类型的风险资本不同，战略投资基于自身的战略及行业和企业的未来发展。2018 年，云计算行业战略投资数量明显增加，企业寻求协同共进。

第三节　区块链技术构建新的信用机制

1. 区块链的发展现状

2008 年 11 月 1 日，中本聪（Satoshi Nakamoto）发表了《比特币：一种点对点的电子现金系统》一文，阐述了基于 P2P 网络技术、加密技术、时间戳技术、区块链技术等的电子现金系统的构架理念，这标志着比特币的诞生。2009 年 1 月 3 日，第一个序号为 0 的比特币创世区块诞生。2009 年 1 月 9 日，出现序号为 1 的区块，并与序号为 0 的创世区块相连接形成了链，标志着区块链的诞生。

区块链并非是一种颠覆式技术，而是多种技术的集成式创新。是将分布式网络、数据加密、共识机制、智能合约等技术融合而成的新的信息传递机制。其本质上是一种"去中心化"的分布式共享记账技术。"去中心化"意味着一切交易都将绕过信用中介或集中式清算机构而能够在点对点之间直接进行。

分布式共享记账则指的是在交易发生之时，链上所有参与方都会得到完全公开且经过加密、不可篡改的交易记录，且所有记录都可通过链式结构被准确追踪。毫无疑问，区块链是比特币的核心底层技术，以比特币为代表的电子货币带动了区块链技术的快速发展。

区块链将各项相关技术要素在分布式网络技术上进行集成得以实现，带来了全新的分布式生产关系协作的可能性，用户节点在这种分布式生产关系协作网络中重新被定义。区块链提供了一种在不可信环境中进行信息与价值传递交换的机制，具有公开透明、安全可靠、开放共识等特点。

（1）去中心化

分布式存储的方式意味着不存在中心化的硬件和管理机构，任何节点都具有完全一致的权利和义务，一切核算都直接发生于点对点之间，系统中的所有结点都参与数据的记录和验证，将计算结果通过分布式传播发送给各个结点；在部分结点遭受损坏的情况下，整个系统的运作并不会受到影响，相当于每个参与的结点都是"自中心"，各个节点实现了信息自我验证、传递和管理去中心化是区块链最突出、最本质的特征。

(2) 信息不可篡改

区块链是基于时间戳形成不可篡改、不可伪造的数据库。区块（完整历史）与链（完整验证）相加便形成了时间戳（可追溯完整历史）。时间戳存储了网络中所执行的所有交易历史，可为每一笔数据提供检索和查找功能，并可借助区块链结构追本溯源，逐笔验证。每个参与者在记账并生成区块时都加盖时间戳，并广播到全网结点，让每个参与结点都能获得一份完整数据库的拷贝。一旦信息经过验证添加到区块链上，就会永久地存储起来。根据"少数服从多数"原则，从概率上讲，要篡改历史信息，必须同时控制整个系统中超过50%的结点。因此，认为区块链技术系统的数据可靠性很高，且参与系统中的结点越多和计算能力越强，该系统中的数据安全性越高。

(3) 公开性

区块链上的一切数据，包括交易各方被加密过的私有信息数据，对于任何节点都是可查询的，整个系统信息做到完全公开透明。

(4) 可匿名

由于节点之间的数据交换遵循固定算法，此交换过程中交易双方无须通过公开自己身份的方式让对方产生信任，有助于信用的累积。

(5) 自治性

区块链上的智能合约一旦被部署，程序和代码将透明可信且自动执行、强制履约，这使得对人的信任转为对机器的信任，任何人为干预都无法产生效力。

(6) 区块链的类型

1) 公有区块链

公有区块链 (public block chains): 世界上任何个体或者团体都可以发送交易, 且交易能够获得该区块链的有效确认, 任何人都可以参与其共识过程。公有区块链是最早的区块链, 也是应用最广泛的区块链, 各大 bitcoins 系列的虚拟数字货币均基于公有区块链, 世界上有且仅有一条该币种对应的区块链。

2) 联合 (行业) 区块链

联合 (行业) 区块链 (consortium block chains): 由某个群体内部指定多个预选的节点为记账人, 每个块的生成由所有的预选节点共同决定 (预选节点参与共识过程), 其他接入节点可以参与交易, 但不过问记账过程 (本质上还是托管记账, 只是变成分布式记账, 预选节点的多少, 如何决定每个块的记账者成为该区块链的主要风险点), 其他任何人可以通过该区块链开放的 API 进行限定查询。

3) 私有区块链

私有区块链 (private block chains): 仅使用区块链的总账技术进行记账, 可以是一个公司, 也可以是个人, 独享该区块链的写入权限, 本链与其他的分布式存储方案没有太大区别。传统金融都是想实验尝试私有区块链, 而公链的应用如 bitcoin 已经工业化, 私链的应用产品还在摸索当中。

(7) 区块链基础架构

一般说来, 区块链系统由数据层、网络层、共识层、激励层、合约层和应用层组成。其中, 数据层封装了底层数据区块及相关的数据加密和时间戳等基础数据和基本算法; 网络层则包括分布式组网机制、数据传播机制和数据验证机制等; 共识层主要封装网络节点的各类共识算法; 激励层将经济因素集成到区块链技术体系中来, 主要包括经济激励的发行机制和分配机制等; 合约层主要封装各类脚本、算法和智能合约, 是区块链可编程特性的基础; 应用层则封装了区块链的各种应用场景和案例。

如图 4-10 所示，基于时间戳的链式区块结构、分布式节点的共识机制、基于共识算力的经济激励和灵活可编程的智能合约是区块链技术最具代表性的创新点。

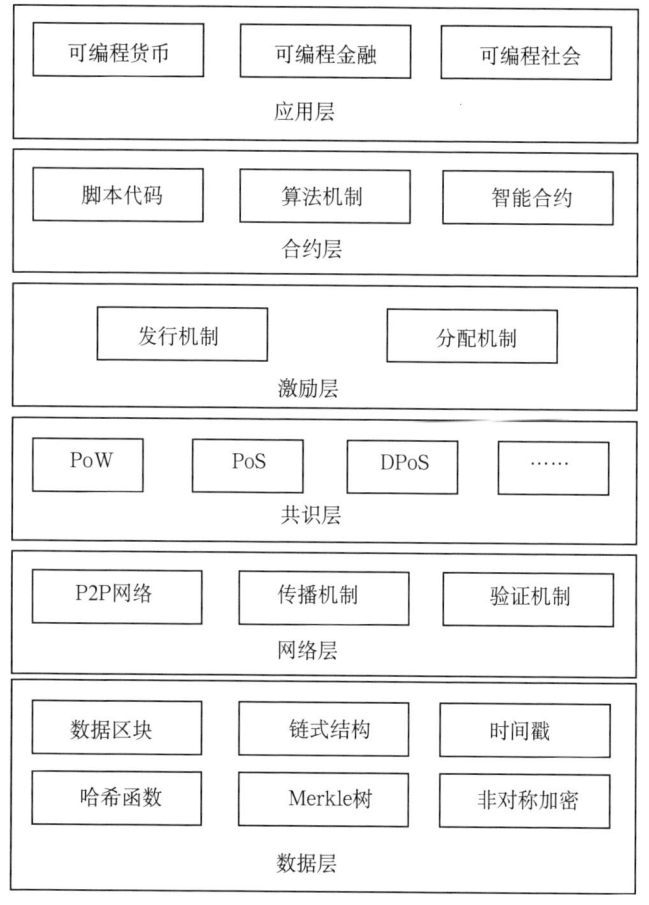

图 4-10 区块链基础架构

2. 区块链与金融

区块链的巨大潜力引起全球金融界的高度关注，国际货币基金组织在《虚拟货币及其扩展的初步思考》报告中指出，区块链技术具有改变金融的潜力。英国政府发行的《分布式账本技术：超越区块链》提出，将优先在传统金融行业应用区块链技术。

区块链在国际汇兑、信用证、股权登记和证券交易所等金融领域有着潜在的巨大应用价值。将区块链技术应用在金融行业中，能够省去第三方中介环节，实现点对点的直接对接，从而在大大降低成本的同时，快速完成交易支付。例如，Visa推出基于区块链技术的Visa B2B Connect，它能为机构提供一种费用更低、更快速和安全的跨境支付方式来处理全球范围的企业对企业的交易。要知道传统的跨境支付需要等3～5天，并为此支付1%～3%的交易费用。Visa还联合Coinbase推出了首张比特币借记卡，花旗银行则在区块链上测试运行加密货币"花旗币"。

区块链技术使中央银行发行法定数字货币成为可能。比特币是一种基于区块链（或分布式）支付体系的货币或交换价值，它是一种由私营机构或网络社区发行的私营数字货币，也是一种创新的支付系统。从中央银行的角度，数字货币提供了一种全新的资产（包括货币）持有和交换机制，有可能为现有支付体系和金融基础设施建设提供一种完全不同的解决方案，为中央银行发行数字货币提供了巨大的想象空间。比特币的成功运行，使得各国中央银行对于发行类似比特币的法定数字货币给予厚望。

区块链技术具有提升金融机构协同服务能力的潜力。银团贷款、供应链金融、贸易融资等业务可能涉及不同国家的多家金融机构、多家企业，需要相互之间较长时间的协调，业务办理过程也较为复杂。很多业务还使用纸质单证，需要在多方参与下由人工进行查验和处理。对于这类涉及众多参与主体、过程复杂的金融服务，区块链技术具有提升不同金融机构间开展业务的自动化程度、简化协同流程、协同效率的潜力。

区块链技术具有降低金融运营成本的潜力。金融机构各个业务系统及后台，工作流程长、环节多。无论是Visa、Master Card还是支付宝，都是中心化机构运营，资金转移要通过第三方机构，这使得跨境交易、货币汇率、内部核算、时间花费的成本过高，并给资本带来了风险。区块链技术能够优化金融机构业务流程，减少前台和后台交互，节省大量的人力和物力，有望降低金融运营成本。

区块链技术有改善业务审计系统的潜力。当前，在业务审计过程中，需要花费大量的人力、物力去核查被审核单位资金余额及交易合同或资金等数据的真实性。区块链技术的特点使得所有交易数据都公开透明、不可篡改地记录在区块中，任何交易数据都可以被查询和追溯，从而提高审计效率，降低审计成本，提升审计结果的可靠性。

区块链技术有助于金融监管及合规性检查。区块链技术的公开透明、时序不可篡改等特性可以帮助金融监管机构监控每一笔资金的流入流出情况，从而有助于管控金融资产，增强打击反洗钱、地下黑产交易等违法犯罪活动力度，防范金融市场中系统性风险。通过区块链的智能合约可自动验证交易和用户合规性，提高合规性检查效率，降低合规性检查成本及出错概率。

3. 风险资本助推区块链技术发展

区块链技术的基础性作用，受到全球风险资本的高度重视。中国和美国在区块链技术应用方面继续领跑全球，由于美国是信息技术强国，风险资本体系非常完善，2019年上半年完成融资64起。与过去科技金融发展规律不同，在区块链技术融资方面，中国风险资本非常积极，2019年上半年完成融资71起。

受全球经济周期等多重因素影响，近一年来区块链项目融资情况快速恶化，2018年9月之后成功融资事件迅速减少，之后基本上维持在每月30起左右。但进入2019年以来，尤其从3月开始，区块链项目融资数量回升，6月更是自2018年8月之后首次单月区块链融资事件突破50起（图4-11）。

融资金额也出现减少，自2018年8月以来，除2019年5月出现特殊融资外，各月融资金额也都未曾突破25亿元。所以，即使融资数量出现回升，但融资金额方面仍不乐观。投资机构开始以"广撒网"的方式分散风险，同时也说明区块链融资市场尚未真正回暖，融资方未能形成明显优势（图4-12）。

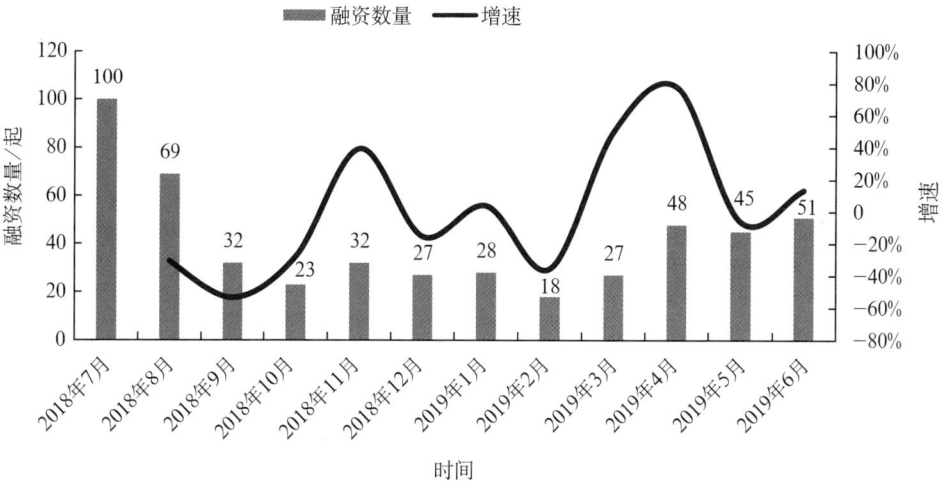

图 4-11　2018 年 7 月至 2019 年 6 月区块链项目融资数量和增速

(资料来源：火星财经、零一智库)

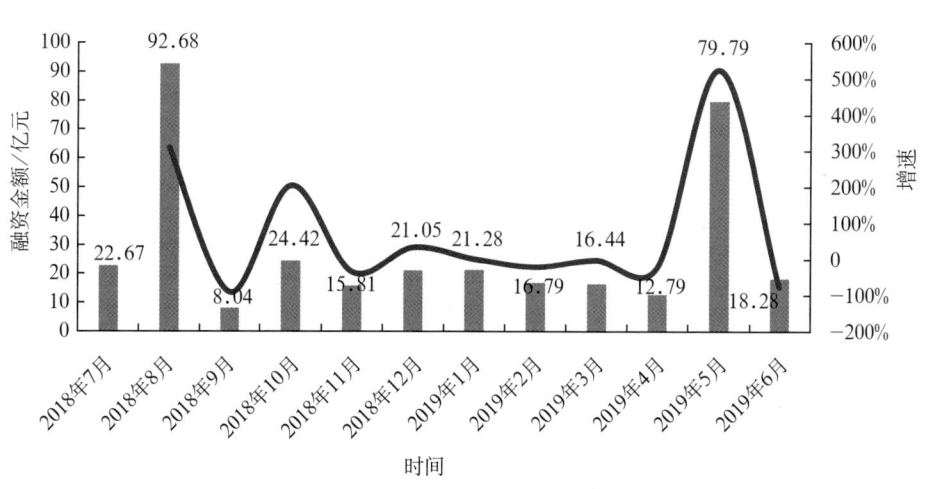

图 4-12　2018 年 7 月至 2019 年 6 月区块链项目融资金额和增速

(资料来源：零一智库)

全球区块链融资事件较为集中，除中国和美国之外，英国和新加坡分别发生 19 起和 14 起；瑞士发生 6 起；日本、法国和德国均发生 4 起；南非和西班牙分别发生 3 起和 2 起。

亚洲地区融资事件较为集中，主要分布在中国、新加坡和日本，占据全球总量的47%；欧洲地区涉及区块链融资事件的国家相对较多，分布较为分散；南非成为南半球唯一上榜的国家。

国内区块链融资事件集中度更高，北京地区"一家独大"成为国内发生区块链融资事件最多的地区，达到了36起，占据全国（包括港澳台）前10榜单中融资数量总数的50%左右；上海9起、广东7起、香港6起和浙江5起，这些地区区块链应用发展相对稳定。海南和江苏各发生2起融资事件；台湾、澳门、天津和河北均发生1起。

从地理位置分布来看，除北京外，由于区块链相关企业注册地点大多在沿海省市，与区块链相关的融资事件也多在沿海地区。

第四节　金融物联网建设为智能金融提供基础设施

1. 物联网的发展现状

进入21世纪以来，随着感知识别技术的快速发展，信息从传统的人工生成的单通道模式转变为人工生成和自动生成的双通道模式。以传感器和识别终端为代表的信息自动生成设备可以实时准确地开展对物理世界的感知、测量和监控。

物理世界的联网需求和信息世界的扩展需求催生了一类新型网络——物联网（internet of things，IOT）。物联网最初被描述为物品通过射频识别等信息传感设备与互联网连接起来，实现智能化识别和管理。其核心在于物与物之间广泛而普遍的互联。上述特点已超越了传统互联网应用范畴，呈现了设备多样、多网融合、感控结合等特征，具备了物联网的初步形态。物联网技术通过对物理世界信息化、网络化，对传统上分离的物理世界和信息世界实现互联和整合。

物联网理念最早可追溯到比尔·盖茨1995年《未来之路》一书。在《未来之路》中，比尔·盖茨已经提到物物互联，只是当时受限于无线网络、硬件及传感设备的发展，并未引起重视。1998年，美国麻省理工学院（MIT）创造性地提出了当时被称作EPC系统的物联网构想。1999年，建立在物品编码、RFID技术和互联网基础上，美国Auto-ID中心首先提出物联网概念。

物联网的基本思想出现于20世纪90年代，但近年来才真正引起人们的关注。2005年11月7日，在信息社会世界峰会（WSIS）上，国际电信联盟发布了《ITU互联网报告2005：物联网》。报告指出，无所不在的"物联网"通信时代即将来临，世界上所有的物体从轮胎到牙刷、从房屋到纸巾都可以通过互联网主动进行信息交换。射频识别技术（RFID）、传感器技术、纳米技术、智能嵌入技术将得到更加广泛的应用。

欧盟智能系统集成技术平台（EPoSS）于2008年在《物联网2020》（Internet of Things 2020）报告中分析预测了未来物联网的发展阶段。2009年，美国工商业领袖举行的"圆桌会议"上，IBM首席执行官彭明盛首次提出"智慧地球"的概念，建议政府投资新一代智慧型基础设施。2009年，欧盟执行委员会发表题为"Internet of Things—An action plan for Europe"的物联网行动方案，描述了物联网技术应用的前景，并提出要加强对物联网的管理、完善隐私和个人数据保护、提高物联网的可信度、推广标准化、建立开放式的创新环境、推广物联网应用等行动建议。韩国通信委员会于2009年出台了《物联网基础设施构建基本规划》，该规划是在韩国政府出台的一系列RFID/USN（传感器网）相关计划的基础上提出的，目标是要在已有的传感网应用和试验网条件下构建世界最先进的物联网基础设施、发展物联网服务、研发物联网技术、营造物联网推广环境等。2009年，日本政府IT战略本部制定了日本新一代的信息化战略《i-Japan战略2015》，该战略旨在到2015年让数字信息技术融入社会的每一个角落，聚焦电子政务、医疗保健和教育人才三大核心领域，激活产业和地域的活性并培育新产业，以及整顿数字化基础设施。

我国政府也高度重视物联网的研究和发展。2009年8月7日，国务院总理温家宝在无锡视察时提出"感知中国"的战略构想，表示要抓住机遇，大力发展物联网技术。2012年，工业和信息化部、科技部、住房城乡建设部再次加大了支持物联网和智慧城市方面的力度。

目前，物联网还没有一个精确的、公认的定义。这主要归因于：第一，物联网的理论体系没有完全建立，对其公认还不够深入，还不能透过现象看出本质；第二，由于物联网与互联网、移动互联网、传感网等都有密切关系，不同领域的从业者对物联网思考的出发点和落脚点各异，短期内还没达成共识。

关键核心技术

物联网的关键技术可以从硬件和软件两方面来考虑，如图4-13所示。硬件技术包括射频识别技术（RFID）、无线传感器网络技术（WSNs）、智能嵌入式技术（Embedded Intelligence）及纳米技术（Nanotechnology）；软件技术包括信息处理技术、自组织管理技术、安全技术。

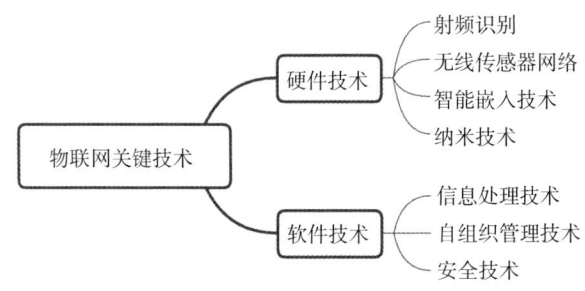

图4-13　物联网关键技术

1）硬件技术

物联网的重要特点之一就是使物体与物体之间实现信息交换，每个物体都是一个对象。因此，物联网的硬件关键技术必须能够反映每个对象的特点。

首先，RFID技术利用无线射频信号识别目标对象并读取该对象的相关信息，这些信息反映了对象的自身特点，描述了对象的静态特征。

其次，除了标识物体的静态特征，对于物联网中的每个对象来说，探测它们的物理状态的改变能力，记录它们在环境中动态特征都是需要考虑的。就这方面而言，传感器网络在缩小物理和虚拟世界之间的差距方面扮演了重要角色，它描述了物体的动态特征。

再次，智能嵌入技术通过把物联网中每个独立节点植入嵌入式芯片后，比普通节点具有更强大的智能处理能力和数据传输能力，每个节点可以通过智能嵌入技术对外部消息（刺激）进行处理并反应。同时，带有智能嵌入技术的节点可以使整个网络的处理能力分配到网络的边缘，增加了网络的弹性。

最后，纳米技术和微型化的进步意味着越来越小的物体将有能力相互作用和连接及有效封装。

2）软件技术

物联网的软件技术用于控制底层网络分布硬件的工作方式和工作行为，为各种算法、协议的设计提供可靠的操作平台。在此基础上，方便用户有效管理物联网络，实现物联网络的信息处理、安全、服务质量优化等功能，降低物联网面向用户的使用复杂度。物联网软件运行的分层体系结构如图4-14所示。

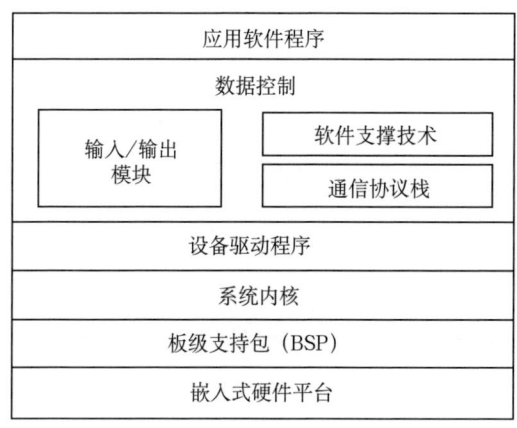

图4-14　物联网软件分层体系结构

如前所述，物联网硬件技术是嵌入式硬件平台设计的基础。板级支持包相当于硬件抽象层，位于嵌入式硬件平台之上，用于分离硬件，为系统提供统一的硬件接口。系统内核负责进程的调度与分配，设备驱动程序负责对硬件设备进行驱动，它们共同为数据控制层面提供接口。数据控制层实现软件支撑技术和通信协议栈，并负责协调数据的发送与接收。应用软件程序需要根据数据控制层提供的接口及相关全局变量进行设计。

物联网软件技术描述整个网络应用的任务和所需要的服务，同时，通过软件设计提供操作平台供用户对网络进行管理，并对评估环境进行验证。网络的软件框架结构如图 4-15 所示。

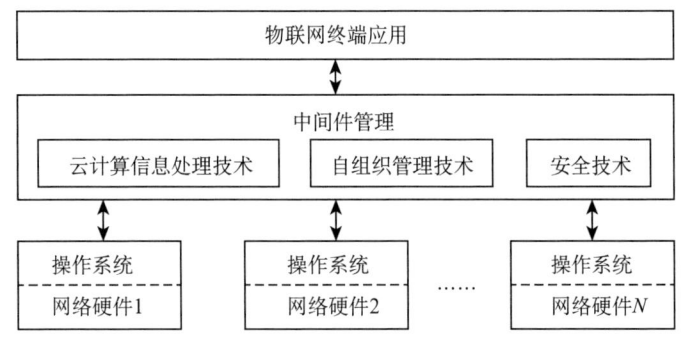

图 4-15　物联网软件框架结构

框架结构网络中每个节点通过中间件的衔接传递服务。中间件中的云计算信息处理技术、自组织管理技术、安全技术逻辑上存在于网络层，但物理上存在于节点内部，在网络内协调任务管理及资源分配，执行多种服务之间的相互操作。

2. 物联网与金融

金融物联网是指物联网技术在金融行业的应用，是从一项或者一组物联网技术对金融企业的内部管理支撑和流程优化，到完整的物联网商业应用场景与金融企业具体业务的结合，再到多维度、全链条的智慧网络建设及数据应用推动的金融模式变革与创新。

在金融物联网创新应用过程中，金融机构利用物联网核心技术，进行金融信用、杠杆、风险和服务的创新，从而引发传统银行、证券、保险、租赁、投资等领域传统业务模式创新。

金融物联网包含了物联网技术、金融服务及实体经济的生产运营场景等基本要素，其中金融和物联网技术是金融物联网的两个核心要素，相辅相成，互为支持。实体经济的生产运营场景则是金融物联网的现实载体，金融服务与物联网技术将作为基础要素融入实体经济的商品或服务中。

金融物联网构成的新型生产关系，因其高度的开放、协作及全面的去中介化，使得信用、跨期价值交易的成本无限下降，产品服务边际成本趋近于零，业态边界也将趋于无穷大，可以扩张到所有的社会生活、生产和运营中，囊括所有的商业和非商业参与者。

物联网与金融相互影响、渗透并不断进行跨界融合已成为必然趋势。金融机构可以利用物联网技术和信息通信技术，提高自己的风险识别和控制能力，推动金融产品和服务创新，提供新型的支付、资金融通、投资资产管理及信息中介等各种金融服务，扩大金融服务的广度和深度，物联网为金融机构提供了对客户和交易进行客观观察的手段。

(1) 有效解决交易信息不对称问题

物联网提供物与物、物与人的交互信息，通过对海量数据信息的存储、挖掘和深入分析，金融机构随时随地掌握"人"和"物"的形态、位置、空间、价值转换等信息，并且充分有效地交换和共享，从而有效克服信息不对称问题，为大到服务战略、小到业务决策提供全面、客观的依据。以汽车保险市场为例，由于保险人和投保人之间信息不对称，骗保时有发生。如果保险公司在投保车辆上安装物联网终端，对驾驶行为综合评判，则可以根据驾驶习惯的好坏确定保费水平。出现事故时，物联网终端实现远程勘察，实时告知保险公司肇事车辆的行为。保险员不到现场即可知道车辆是交通事故还是故意行为，不但解决了骗保问题，还可以快速赔付、提高赔付效率。

(2) 促进信用体系更加客观化

物联网数据是通过底层传感器采集的，是实实在在的客观数据，克服了互联网数据存在的社交数据多、交易数据少、采集方法主管因素多等问题。借助物联网技术，金融机构对于客户前端信息的主管调查被传感器实时采集的客观数据所代替，从而获得更加真实有效的数据，以这些数据为基础的风控模式将从滞后的、基于主观的信用评价进化为实时的、基于客观数据的信用评价。此外，物联网还将促进信息量和维度大大提升，能够更加全面地反映企业和个人的自然属性和行为属性，提高信用体系的可靠性。物联网对金融的革命性影响在于信用体系的夯实，未来甚至可能重塑社会信用体系。

（3）优化金融资源配置

物联网技术的进步将大大改善信息不对称，使金融机构能够以更加精细、动态的方式对信息流、物流和资金流进行"可视化管理"，在此基础上进行智能化决策和控制，合理引导资金流向和流量，促进资本集中并向高效率部门转移，从而达到优化资源配置的目的。

融合了物联网技术的金融服务，全过程电子化、网络化、实时化和自动化，能大大降低运营管理成本。此外，得益于"物联网＋大数据＋预测性算法＋自动化系统"，采集信息的边际成本近乎于零，服务长尾客户再无边界限制，金融服务将可以惠及更广泛的企业和人群。

（4）促进智慧金融的发展

智慧金融表现为金融机构可向客户提供与其日常生活内容紧张相关的洞察、建议、产品或服务，真正交付定制化体验。以金融支付为例，随着移动通信、互联网和近场通信技术的融合发展，利用指纹、虹膜、掌纹、掌静脉、声纹等进行个人身份鉴定的生物识别技术日趋成熟，传统密码支付将逐步被识别支付替代。物联网技术在支付中应用后，会感知消费者的周边环境和自身的状态，以确保支付者的资金安全、人身安全，还可通过透彻感知，将支付行为与企业运营状态、个人健康、家庭情况的动态变化相关联。这意味着，无论是面对个人或企业，金融机构不仅可以预测客户的需求，还能够根据客户不断变化的情况做出积极响应，及时提供相关的解决方案，助力客户实现目标，带来全新的智慧金融体验。

●●●● 第五章

智能金融的动因

传统金融机构因受信息不对称、风险控制等诸多因素制约而忽视了基数庞大的个人借款者及中小微企业这类"长尾客户",金融机构通过大数据、人工智能技术提高对长尾客户金融服务的可得性,在一定程度上改善金融服务,提升资金供求的配置效率。

人工智能技术的应用大幅缩短金融业务办理所需的时间,提高运营效率。在"金融科技红利"扩大与"人口红利"衰减的背景下,金融机构运用金融科技,依托技术内部驱动和网络效应外推,使得交易效率更高、交易成本更低,从而促进了金融向智能化方向发展。

第一节 信用社会对智能金融的需求

信用是金融核心,智能金融对信用体系的完善或重塑将会给金融业的发展带来深层次的影响,尤其是人工智能与区块链技术的融合对金融信用体系的重构、价值传递的效率都会产生深层次的变革。现有应用场景,如支付、咨询、营销、客服等都可以基于信用体系的完善而重新定义。

移动互联网的渗透,为金融机构提供了金融数据,如个人、企业的行为、社交、消费、贸易等，尤其是区块链技术的应用，保证了信息的真实性，有效解决了信息非对称性，从而对信用资产价值的传递起到了很好的保障。

随着客户数据尤其是个人信用数据和企业信用数据的持续丰富，信用的价值能更好地测算和衡量。信用不再是简单身份信息的事实，而是具有评价结果的信用证。个人信用评级、金融活跃程度等信息可能下沉为社会经济的基础设施，"互信"将在降低经济成本、社会成本方面发挥巨大潜力，促进社会更加公平、公正。作为个人的无形资产，消费者对自身信用水平的重视和维护也将不断提升。

金融服务与非金融服务之间的界限更加模糊。信用度将与个人的生活紧密耦合，历史信用良好、信用资产不断增值的优质客户能以较少的成本获得更好的金融服务，能享受更高品质、更具价值感的生活。生活中各个场景都可以基于信用体系的完善而重新定义，从商品服务的信用免押到各类办事流程的简化快速通道，从就业、社交的个人北京增信到创业创富的信用融资，搭载信用内核的金融服务将会以新的形态嵌入生活的各个场景，用户无须刻意感知金融服务的存在就能享受到智能金融的便利。

未来，基于信用逻辑的资本化、货币化、证券化的机会将逐渐浮现，结合流动性、杠杆率等金融要素，智能金融的产品形态、支付方式及商业模式都具有无限的空间。

"信用科技"是金融科技范畴下一个高度专精的领域，其以"信用"为核心，以"科技"为手段，帮助领先的信用服务商借力互联网、移动通信、人工智能（AI）、区块链、云计算和大数据等新兴技术的高速发展，打造新一代的信用基础设施、信用服务和信用交易市场。例如，越来越多的评级与征信机构将大数据分析与历史经验相整合，通过对其客户的行为、财务、业务等数据进行分析，进一步提升其评级与信用报告的准确性。信用科技改变了以往信用风险识别、评级及定价的方法。随着科技赋能信用风险管理，现有的信用业务模式将以更低的成本、更高的效率获得提升。

信用科技是指利用技术创新，节约信用成本，提高信用效率，从而优化现有的信用市场业务模式。信用与科技的结合带来了巨大的商机和潜力。近年来，随着各类信用资产违约率提升，信用风险相关信息的收集和分析变得更加重要，从而激发了对信用科技的相关需求。互联网、移动通信、人工智能、区块链、云技术和大数据等技术的快速发展，升级、创新并颠覆了信用市场的3个层面。

1. 信用市场参与主体

信用市场按参与主体可以分为3个层面，即信用资产、信用服务和信用IT。监管机构对整个信用市场进行全方位的监管，包括上述3个层面。

信用资产市场由信用资产的生成和交易两个主要部分构成，其中信用资产的生成包括贷款发放和债券发行；信用资产的交易包括交易所公开交易和柜台交易。

信用服务包括信用基础服务、增值服务、交易服务和监控服务。其中信用基础服务，包括信用数据服务、信用风险识别和信用风险评估。为评估借款方的还款能力，放款方需要通过内外部渠道多方面地收集相关数据，并在此基础上借助内部评估系统对借款方做深入的风险预测。对于企业或政府信用，以及资产担保证券，第三方评级机构往往受命进行外部信用评估；对于个人借款方、放贷方或投资方则可以综合考虑外部征信机构给出的个人征信报告及信用评分，并将其纳入审批流程。此外，通过数据收集，放贷机构能够同时构建其内部评估系统，协助放贷审批及决策。

信用增进服务是指通过追加担保品、准备金、保险、第三方担保等手段，降低违约损失，提高借款方信用水平。在我国，借款方可以通过增信机构进行资产外部增信，以获得更好的融资条件（如较低的利率等）。

信用交易服务包括信用资产的定价、发行、分销和交易。通常，企业债券由证券公司或银行定价、发行并向投资方分销。其他信用交易则由交易所或场外交易服务平台主导，经交易员或经纪人促成。

监控服务是指信用交易完成后所提供的相关服务，包括对投资组合的监控和对不良资产的管理。监控服务提供方协助投资者监控相关信用资产；资产服务提供方负责信用资产的管理，如向投资者派息、提供结算服务等。如果借款方违约，贷款放贷方或债券投资者可指定一家资产管理公司，清算抵押资产。

信用 IT 企业开发系统帮助信用服务公司增进营运效率，提高服务质量。信用 IT 企业虽不直接提供信用服务，但以提供系统和软件的方式，帮助信用市场参与者提高风险评估的准确性、交易的及时性和监控的有效性。

信用市场监管机构监督管理整个信用市场及其所有参与者，包括贷出机构、信用服务提供商，甚至为信用市场提供相关系统支持的 IT 企业，以确保信用市场的稳定。

2. 信用科技对金融信用市场的影响

信用科技对信用资产层的升级体现在其利用技术提升现有融资渠道和交易平台的效率，进而降低成本并扩大客户覆盖范围。例如，传统金融机构已着手利用技术来优化贷款流程，提高放贷速度。

信用科技对信用资产层的创新主要体现在打造新型的获客模式和交易平台，进而扩大市场规模。例如，线上借贷的兴起拓宽了可触达的客群范围，为个人和企业提供了新型融资渠道。

在信用服务市场，信用科技有望提升现有信用服务提供商的服务技能、服务质量和服务效率。例如，银行可以通过与第三方数据提供方合作，构建风险控制模型，提高其对潜在借贷者信用风险的评估能力。

信用科技可以创新信用服务市场现有信用服务模式，开发出定位清晰、定制化程度高的动态创新服务模式。例如，有别于交易所公开交易平台，报价和交易匹配平台即是一种创新的信用服务，实现了资产端与资金端的场外链接。

信用科技带来了信用服务市场的颠覆。信用科技既可以变革信用资产，也可以重塑信用服务。信用科技将传统的基于产品、依靠经验判断的定价方式，转变为风险定价方式。例如，线上借贷平台依托大数据分析、人工智能及机器学习等技术，展开实时数据分析，构建全方位用户画像，从而进行更精准地定价。

在信用 IT 市场，技术可以用于完善并创新现有的信用相关系统和软件，帮助借款方、放款机构和投资者提高效率、削减成本，探索新的客户和商业模式。

第二节　数字货币对智能金融的依赖

数字科技的广泛应用，催生数字经济快速发展，使得社会各领域数字化转型。数字技术在改变社会各领域的同时，也要求经济活动的核心领域——金融服务同步升级，智能金融成为数字经济的支撑和重要组成。

1. 智能合约

20世纪90年代，尼克萨博提出智能合约（smart-contract）理念。智能合约概念几乎与互联网同龄，但由于当时缺少可信的执行环境，智能合约并没有被应用到实际产业中。自从比特币的出现，人们意识到区块链技术可以为智能合约提供执行环境，以太坊首先看到区块链和智能合约的契合，发布了《下一代智能合约和去中心化应用平台》的白皮书，并致力于将以太坊打造成最佳智能合约平台，激活了智能合约技术的应用。

在本书的第四章对区块链技术构建未来社会信用机制做过分析，区块链之所以被认为是一种颠覆性的技术，另一个主要原因是区块链上能够实现智能合约。

智能合约的工作原理类似于其他计算机程序的 if-then 语句，然而智能合约绝不仅是一个可以自动执行的计算机程序，合约本身还是系统参与者，它对接收到的信息进行回应，它可以接收和储存价值，也可以向外发送信息和价值。在未来，这些程序可能取代处理某些特定金融交易的律师和银行。

智能合约最大的特点就是：去中心化、自动执行、一旦部署就不可更改。去中心化意味着它们并不依赖单个中心化的服务器，而是分布式的，通过网络节点来自动运行；自动执行是指合约一旦启动就会自动运行，而不需要它的发起者进行任何的干预，且合约能够自足获取资源以便合约能够制动执行；而一旦部署就不可更改是智能合约获得信任的最重要的特点，保证合约的公平公正。

智能合约这些特点，确保了写在合约里的全部功能都能够按照逻辑执行，也使得智能合约有潜力成为未来社会信任的基石。

由于缺少支持可编程交易的数字金融系统等基础设施的支撑，计算机程序难以自发的触发支付，所以尼克萨博关于智能合约如何工作的理论，直到目前仍然无法在实践中实现。例如，如果银行仍然需要手动批准资金的转移，那么智能合约的目标就无法实现。

而区块链技术广泛应用正在改变阻碍智能合约实现的现状，从而让尼克萨博的理论有了重生的机会。数字货币技术正是创建在智能合约技术基础上，与智能合约能够进行交互，因此，未来随着法定数字货币的推广应用，智能合约所支撑的智能金融能够实现真正的智能化、自动化，由计算机程序触发执行。

与智能合约相比，传统意义上的合约是由双方或者多方协议做或不做某事来换取某些东西，合同中的任何一方必须信任彼此并履行义务。而智能合约是彼此之间同意做或者不同意做某事，但无须再信任彼此，完全由代码（强制）执行，完全自动而无法干预。

智能合约并不意味着能够实现一切所不能做到的事情，事实上，它们能够以最大限度地减少信任的方式来解决一些普通事情。最小化信任能够让事情变得更加便捷，因为其通过全自动执行替代了人的自主判断。

2. 法定数字货币

法定数字货币（digital fiat currency，DFC），也称央行数字货币，就是中央银行发行的数字货币，即基础货币的数字化形态，属于中央银行负债。基础货币包括通货和存款准备金两种形态，这两种形态可以互相转化，其中，存款准备金早已实现数字化。

面对"去中心化"数字货币的兴起，以及私人支付工具"去现金化"口号的泛滥，法定数字货币的现实意义不断显现。目前，包括中国央行在内的多个国家正在抓紧研究通货数字化的技术可行性，这类货币被称为央行加密货币。例如，加拿大中央银行的Jasper项目、新加坡金融管理局的Ubin项目、欧洲中央银行和日本中央银行联合开展的 Stella 项目等。

我国也正扎实有序地推进法定数字货币研发。2014 年，中国人民银行正式启动法定数字货币研究。2017 年，研发工作进入新的阶段。经国务院批准，中国人民银行组织相关市场机构开展名为 DC/EP（Digital Currency/Electronic Payment）的法定数字货币分布式研发工作。2019 年 8 月 28 日，福布斯报道称，中国央行将在未来几个月内正式推出数字货币，初期将向中国工商银行、中国建设银行、中国银行、中国农业银行、阿里巴巴、腾讯及银联 7 家机构发行。2020 年 4 月 17 日，央行数字货币研究所负责人宣布，数字人民币研发工作正在稳妥推进，数字人民币体系在坚持双层运营、流通中货币（M0）替代、可控匿名的前提下，基本完成顶层设计、标准制定、功能研发、联调测试等工作，并遵循稳步、安全、可控、创新、实用原则，当前阶段先行在深圳、苏州、雄安新区、成都及冬奥场馆进行内部封闭试点测试。

（1）法定数字货币的发行

近年来，我国积极研究和探索发行数字货币的理论与技术。2016 年，时任中国人民银行行长的周小川在中国人民银行召开的数字货币研讨会上指出，我国争取早日推出央行发行的数字货币，并且说明区块链技术是一项可选的技术。中国人民银行副行长范一飞、科技司前司长王永红、数字货币研究所所长姚前等发表了一系列文章，阐述我国发展数字货币的思路和要求。总体来看，我国对央行发行数字货币持积极的态度。

中国人民银行副行长范一飞提出央行发行数字货币的基本思路：①由中央银行直接面向公众发行数字货币；②遵循传统的"中央银行—商业银行"二元模式，即由中央银行将数字货币发行至商业银行业务库，商业银行受央行委托向公众提供法定数字货币存取等服务，并和中央银行一起维护法定数字货币发行、流通体系的正常运行。

中国人民银行数字货币研究所所长姚前指出，央行数字货币的设计和构建须慎重考虑在线与离线、便捷与安全、实名与匿名、交易与数据分析、与银行账户的关联、生态体系建设、对区块链技术的期待等核心问题，并提出"一种币、两个库、三个中心"的系统实现架构（图 5-1）。

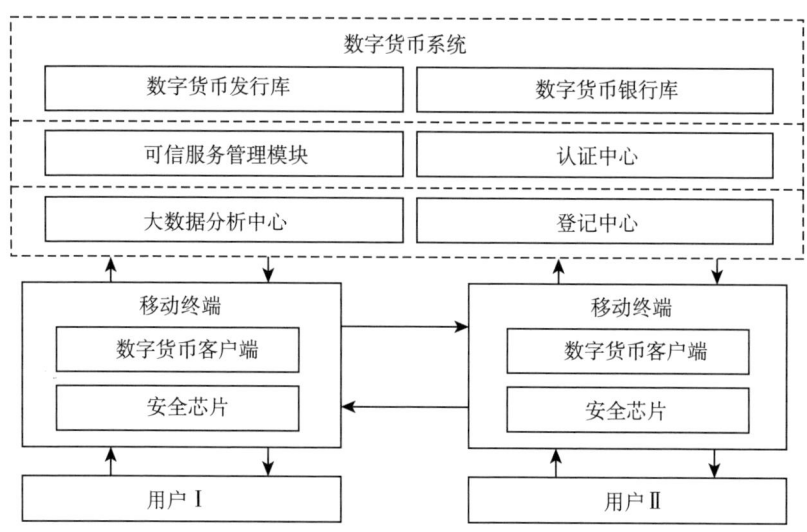

图 5-1　数字货币系统实现架构

图 5-1 显示了未来我国数字货币体系的核心要素，其中认证中心负责对央行数字货币机构及用户身份信息进行集中管理，也是可控匿名设计的重要环节。登记中心记录央行数字货币及对应用户身份，完成权属登记；完成央行数字货币产生、流通、清点核对及消亡全过程登记。大数据分析中心负责反洗钱、支付行为分析、监管调控指标分析等。

（2）数字货币的技术发展

加密数字货币的研究已经有 30 多年的历史。1982 年，David Chaum 利用盲签名技术实现了一个在线的、完全匿名的电子现金系统，并于 1990 年提出了不可追踪电子现金 Ecash，从此开启了加密数字货币的研究和实践。

加密数字货币是基于密码学和计算机与网络通信技术，由计算机程序产生，并在互联网上发行和流通的货币。加密数字货币是技术发展的产物。总结密码学和计算机与网络通信技术的发展过程与数字货币的产生过程，可以看出技术是推动数字货币发展的重要因素。

1) 计算机与网络技术的发展为数字货币奠定了技术基础

计算机与网络技术的发展为数字货币运行提供了技术基础，为设计更加安全的密码算法提供了技术支持，也为区块链提供了运行环境。

计算机从1946年诞生以来，信息技术基础架构经历了5个发展阶段，即通用主机及小型计算机阶段（1959年至今）、个人计算机阶段（1981年至今）、客户机/服务器阶段（1983年至今）、企业计算阶段（1992年至今）和云计算及移动计算阶段（2000年至今）。与此同时，移动通信技术的发展和互联网的发展，无所不在的无线网络和宽带应用，计算机与网络技术应用日益普及。根据梅特卡夫定律和网络经济学原理，网络的价值或能力随着网络中成员数量的增加而按指数形式增长，当越来越多的人加入到网络中来，就会出现规模报酬的递增和通信成本的下降。当通信成本降到非常低的水平甚至接近于零的时候，对于通信设备和计算设备的使用自然就会激剧增长。目前，我们就处于这样一个阶段。

2) 密码学成为数字货币的核心技术

密码学是当前数字货币和区块链技术的基础，数字货币涉及的密码学知识主要包括密码算法、Hash函数、数字签名、默克尔树等。

密码算法。密码学（cryptology）是结合数学、计算机、信息论等学科的一门综合性、交叉性学科。密码学分为密码编码学和密码分析学。密码编码学主要研究加密，而密码分析学主要研究破译。这两个分支既相互对立又相互依存，共同推动着密码学的发展。

现代密码学主要内容及联系如图5-2所示，其中有阴影的部分都是在数字货币中使用的密码技术，这些密码技术为信息的机密性、完整性、认证性和不可否认性提供基本保障。

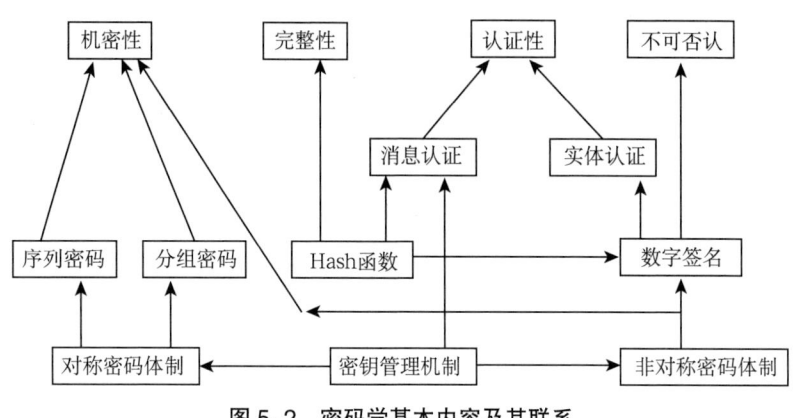

图 5-2　密码学基本内容及其联系

随着信息技术的快速发展，密码学的理论与技术也在不断创新，同时密码学也被应用到了社会生活的各个方面。其中，密码学在金融领域的应用也越来越重要，金融密码学（financial cryptology）得到了快速的发展。

根据加、解密密钥的使用策略不同，将密码体制分为两大类，即对称密码体制（单钥密码体制）和非对称密码体制（公钥密码体制或双钥密码体制），对称密码体制中加密密钥与解密密钥相同，而非对称密码体制中，加密密钥和解密密钥不同，其中一个称为公钥，可以公开；另一个称为私钥，需秘密保存。

在区块链技术中，使用的是公钥密码算法。在比特币系统中，钱包的地址与公钥相对应，而私钥是钱包所有者的标志，谁拥有私钥，谁就是这个钱包的所有者。

Hash 函数。Hash 函数也称散列函数、哈希函数、杂凑函数等，是密码学的一个重要研究内容。

Hash 函数是单向函数，可以将"任意长度"的输入经过变换以后得到固定长度的输出，也称为 Hash 值。Hash 函数主要用于验证信息的完整性。

数字签名。数字签名通过对发送的信息进行签名运算，以防信息被冒名伪造或篡改。通过数字签名可以实现身份认证、数据完整性和不可否认性等功能，数字签名已经成为防止信息欺诈行为的重要措施。

数字签名的特点主要有以下几个方面：①不可否认性：通过签名来验证消息的发送者、签名日期和时间；②不可抵赖性：通过签名对所签署消息的内容进行认证；③可仲裁性：由第三方通过验证签名来解决争端。

通常，在公钥密码体制中，使用私钥进行加密运算实现数字签名，用公钥解密运算进行数字签名的验证。在比特币系统中，每一次交易都是经过数字签名来实现不可否认性的，其他参与方通过使用公钥来验证交易的真实性。

默克尔树。在比特币区块链结构中，默克尔树是用于存储 Hash 值的一种数据结构。默克尔树用于交易的存储，其中每笔交易都会生成一个 Hash 值，不同的 Hash 值向上继续做 Hash 运算，最终生成唯一的默克尔根。由于 Hash 函数的单向性，利用默克尔树的特性，以确保每笔交易都不可伪造和没有重复。

(3) 法定数字货币的影响

法定数字货币的应用，对金融稳定、货币政策及现有的货币发行、流通、支付及清结算体系产生重要影响。

1) 法定数字货币对支付体系的影响

基于价值的央行数字货币为银行间支付清算创造了一种新的模式。根据新加坡 Ubin 项目的试验结论，基于分布式账本技术（DLT）的银行间央行数字货币支付方案（以下简称 DLT 方案），可以实现队列处理、交易隐私、清算最终性和流动性节约机制（liquidity saving mechanism，LSM）等传统实时全额支付系统（RTGS）的主要功能。欧洲中央银行和日本中央银行联合开展的试验也认为，DLT 方案可以满足传统 RTGS 的常规性能需求，且流动性节约机制在 DLT 环境下可行。DLT 方案与现有 RTGS 并不冲突，两者可相辅相成。新加坡 Ubin 项目在第二阶段探索了 DLT 方案与 RTGS 之间的交互与配合。

法定数字货币与其他更广泛的金融基础设施的融合，有助于社会节本增效。DLT 方案可应用于更广泛的金融资产（甚至是数字资产）的支付结算安排。非标准化股权、债权、衍生品、银团贷款及贸易融资等交易的中心化程度不高，且结算时间长，效率低。若将这些资产交易通过统一的 DLT 方案进行整合，直接使用央行数字货币支付结算，可实现规模经济，促进社会节本增效。

央行数字货币可优化传统央行货币的支付功能。当前，法定货币的支付功能存在不足。实物现金支付虽方便快捷，即时结算，但束缚于物理形态，无法进行快速的远程支付结算，也不适合大额支付。准备金账户支付仅适用于金融机构间的支付结算。"废除现金"论者认为，现金会被用于偷税漏税行为和非法经济活动，造成治理困扰，且现金存储、发行和处理成本高，建议废除现金。

近年来，"无现金社会""无现金城市"等词语频频出现。但实质上，不少国家的现金需求增速仍超过GDP。既然现金仍有需求，但它又有缺陷，那么中央银行就应"奋起直追"，优化现金的支付功能。通过相关技术设计，央行数字货币可继承现钞支付的优点，点对点支付，即时支付结算，方便快捷，同时又可解决现金的缺陷。一是允许数字记录和跟踪，它可以改进针对反洗钱和打击恐怖主义融资（AML/CFT）规则的应用，并且可能有助于减少非正规经济活动；二是采用数字化的"铸造"、流通和存储，它的发行成本和交易成本低；三是基于现有成熟的移动支付技术，它可在多种介质和渠道上完成支付，和其他移动支付工具一样，具有支付的普适性和泛在性。

实际应用中应注意保障央行数字货币的安全性、便利性及用户的隐私保护，并培育生态系统，提高网络正外部性。央行数字货币能否发挥其成效，技术路线、风险防控手段及安全保障措施是基础。在技术选择上，应注重顶层设计与精益实践相结合，既以顺应长期趋势和满足未来愿景为设计导向，做好央行数字货币的实施规划，确保技术系统的前瞻性和可拓展性，同时又尊重现实，加强央行数字货币与现有金融体系、技术环境的融合，及时评估，适时修正，迭代优化。在安全性上，央行数字货币应达到消费者所习惯的高安全性，应做好技术创新与风险之间的平衡，持有审慎和包容的立场，对各项可选技术进行周密评估，寻找系统在安全性与效率性、稳定性与灵活性之间的最优点。应用是关键，只有被公众和市场接受的、好用的央行数字货币才有生命力。

在推动央行数字货币研发和应用的过程中，应广泛关注各方利益，以用户为中心,以市场需求为导向,以使用便利、成本低廉、安全可靠为原则,保障法定数字货币的服务简便、易得,做好法定数字货币的各种场景应用,夯实市场基础。同时,应重视个人隐私保护。与传统纸币类似,若非持有者本人意愿,即便银行和商家相互勾结也无法追踪央行数字货币的交易历史和用途。在央行端系统,必须有相关"防火墙"制度,设定严格的程序,使用户信息和交易不得随意关联,以保障合法持币用户的隐私。零售支付具有正网络外部性,应注意培育央行数字货币的生态系统。理想情况下,中央银行使用金融科技和监管科技来管理央行数字货币,社会经济运行和公众日常生活都能够使用到央行数字货币,金融服务机构在生态系统中各安其位、开拓创新。这需要各方共同努力来完成。可采取市场驱动的竞争选优策略,整合资源,有效调动商业机构的资源,探索最佳实施方案。

2) 法定数字货币对货币政策的影响

基于合理的机制设计,央行数字货币对货币政策和宏观经济的影响"中性"。不同的属性设计决定了央行数字货币不同的经济影响。若仅是一种支付工具,不是一种计息资产,那么辅以相关机制设计,央行数字货币相当于各类传统支付工具的变体,不会对货币政策和宏观经济产生过多影响。例如,在批发端,央行数字货币以 100% 准备金抵押发行,并限定于银行间支付的封闭场景,那么它对货币供应量的影响"中性",不影响宏观经济。在这样的央行数字货币环境下,现有的货币政策框架依然适用。

央行数字货币利率可成为一种新的货币政策工具。若央行数字货币不仅是一种支付工具,还是一种计息资产,那么它将创造一种新的价格型货币政策工具。一是在批发端。当央行数字货币利率高于准备金利率时,它将取代准备金利率成为货币市场利率走廊的下限。二是在零售端。央行数字货币利率将成为银行存款利率的下限。

这具有两层正面政策意义。一是有助于提升央行政策利率对中长期信贷利率的传导。如果央行数字货币利率成为银行存款利率的下限,中央银行则可以通过调整央行数字货币利率，来调控银行存款利率，进而传导至银行贷款利率。二是有助于打破零利率下限。传统上，零售端的央行货币是现金，而现金的利率为零。因此，当零售金融资产利率下降至零时，资金则会向现金转换，从而使负利率失效，名义利率的有效下限为零。若发行零售端的央行数字货币，并同时废止大额现金的使用，则可对央行数字货币计负利率，或者可酌情对央行数字货币收取钱包保管费，实质上等同于实施负利率政策，由此打破零利率下限约束，释放货币政策空间。

央行数字货币有助于提升央行货币地位，增强货币政策有效性。近年来，许多发达国家和新兴市场国家的央行货币在总体货币总量中的比重有所下降。自2003年以来，我国央行货币与货币供应量的比率下降了5%，印度下降了7%，欧元则下降了3%。这在一定程度上表明央行货币在社会经济中的重要性正在下降。其中的部分原因可能是传统央行货币的支付功能不能完全适应现代经济的需求。从一些支付机构提出的"无现金社会"口号及近几年来私人数字货币的发展均可以感受到，央行货币的地位正受到挑战。而央行货币的数字化有助于优化央行货币支付功能，提高央行货币地位和货币政策有效性。

发挥央行数字货币的数字化特性，或有助于解决传统货币政策困境。研究表明，货币政策传导不畅、逆周期调控困难、货币"脱实向虚"、政策预期管理不足等现代货币政策困境的根源，在于传统央行货币的难以追踪性、同质单一性和操作当下性，而央行数字货币的数字化特性则有助于解决这些问题。对此，可以通过利用央行数字货币的数字化特性，在货币发行时预先设定符合政策导向的条件，来实现货币的精准投放、实时传导、前瞻指引及逆周期调控，初步探索央行数字货币在数字经济环境下，解决现代货币政策困境的可能性。

3）法定数字货币对金融稳定的影响

可通过增加银行存款向央行数字货币转化的摩擦和成本，避免央行数字货币的"狭义银行"影响。在零售端，无论央行数字货币基于账户或不基于账户，央行资产负债表均向公众开放；若不计息，在正常情况下，央行数字货币不会引发大规模存款从银行转移到央行,导致"狭义银行"。但有一个担忧是,由于数字化特性,在银行危机时刻,银行存款可能会快速、大规模地向央行数字货币(DCEP)转移。

实质上,中央银行对DCEP具有完全的控制权,DCEP对银行存款也不是完美的替代品。例如,银行存款可以透支,而DCEP不行。商业银行也不是完全被动的,他们会对DCEP的竞争做出反应。为了防止在计息情况下DCEP对银行存款的替代,至少可以采取以下措施,来增加银行存款向DCEP转化的摩擦和成本。一是央行可以参照实物现金管理条例对央行数字货币实施"均一化"管理,以此管控央行数字货币的大额持有,或者这实质上是管控大额取现。二是中央银行对银行存款向DCEP每日转账施加限额,不支付高于规定限额的余额的利息,降低大额DCEP的吸引力。三是商业银行引入大型DCEP提款通知期限,对可能接近现金存储成本的异常大额余额征收费用。四是商业银行提高银行存款吸引力。例如,提高利息或改进服务。

无须对央行数字货币持有"狭义银行"恐惧症。为避免DCEP对商业银行的冲击,有学者提出了DCEP的"四项核心设计原则",包括"DCEP利率自由浮动、不与准备金互换、不与银行存款按需兑换、仅对合格债券发行",并依据DCEP系统内参与者的不同,构建3种不同的系统模型,建立DCEP交易所。该核心原则实质上是将DCEP设计成了纪念钞(与准备金、银行存款不能自由兑换,只能与现金兑换;价格浮动,在交易所里交易,有资产收益),以避免DCEP对银行存款的冲击,这似乎本末倒置了。为了避免狭义银行化,而将DCEP设计成纪念钞性质的资产,将会使DCEP的经济意义大打折扣。同时,DCEP利率自由浮动,会导致与现金的兑换率浮动,这势必会影响法定货币的计价功能和支付功能。同一商品有两种价格,一种以现金计价,一种以DCEP计价。那么,货币属性的减弱将会使DCEP变为类似于央行票据或纪念钞的投资资产。若比照于央行票据,市场上已经有国债,再造一个政府信用资产,不仅意义不大,而且可能会造成财政政策和货币政策之间的冲突。若比照于纪念钞，则意义更是甚微。DCEP 相当于是数字纪念钞，而不是数字现金。此时，DCEP 真成了收藏品。现在各方对 DCEP 似乎有种"狭义银行"恐惧症，孰不知，DCEP 是否导致银行存款搬家，只是个中间目标，而非最终目标。

对于中央银行，最重要的考量应是，DCEP 的发行和流通是否有利于服务实体，促进经济增长。如果答案是"是的"，那么，适当的银行存款搬家也无不可。实践亦表明，作为一种私人部门信用资产，银行存款是否会大规模搬家或大规模取现，最重要的还是商业银行本身的经营能力和服务水平，而不在于其他资产相对于银行存款的吸引力。若真要防止银行存款搬家，维持金融稳定，从根本上而言，一方面有赖于商业银行自身能力的提升；另一方面有赖于审慎监管、存款保险制度等金融安全网的保障。

4）法定数字货币对资本流动的影响

关于央行数字货币跨境使用的研究尚处于起步阶段。这是非常重要的议题，同时又比较复杂。涉及货币主权、外汇管理、跨境资本流动审慎管理、资本账户开放、货币国际化等诸多方面。有一个担忧是，当人们对货币体系或政治局势的稳定失去基本信心时，可能不再持有主权货币，而转向外币等其他形式资产或私人数字货币，由于央行数字货币被认为是易受政府控制的，因此相较于现金，央行数字货币更容易引起资本外流。本书认为，这与央行数字货币本身的技术特征无关，最重要的原因是极端情形下公众对本币失去了信心，是所有央行货币的信用危机，而不仅是央行数字货币。

智能合约和法定数字货币的普及应用是智能金融的重要应用场景，也需要人工智能为代表的数字科技提供面向全场景的智能金融服务。

第三节 智能社会推动智能金融的需求

金融是现代经济的核心，良好的金融生态环境对推动经济社会发展具有基础性作用。随着社会数字化、智能化演变，金融智能化成为数字社会的基本需求，尤其银行业向智能+开放生态演变，给金融业智能化发展带来内生动力。

1. 智慧银行

目前，学术界对智慧银行尚无统一的定义，有学者认为智慧银行是基于互联网、大数据、云计算、人工智能、区块链等信息技术的运用，对传统银行的客户关系管理、产品服务设计、风险定价、投资决策等流程进行重构，以信息的高度集成化、自动化处理，实现对市场的智慧感知、智慧体察和度量，以及金融产品和服务的智慧精准营销，为客户提供随时、随地、随心的智能化服务，以及经营成本和风险的有效控制，是一种高度智能化的银行经营形态。

智慧银行能够实现与客户的无缝连接，《银行3.0》认为"未来的银行将不再是一个地方，而是一种行为。"在移动互联网普及应用的今天，商业银行的实体已经越来越模糊，而逐渐发展成为一种随时、随地可以获取的服务。

在智慧银行服务中，商业银行与客户间的沟通和互动将摆脱实体的限制，通过运用互联网技术和大数据分析，深度感知客户需求偏好和行为特点，动态平衡风险与客户体验的关系，让商业银行服务更趋专业化、个性化，商业银行与客户间的互动更全面、友好、生动。

在大数据和信息系统的驱动下，商业银行各个渠道间的隔断将被打通，各渠道的服务体验将更趋一致性。尤其是手机等移动电子设备打破了传统商业银行渠道的时空限制，使客户能够获得随时、随地、随心的金融和非金融服务，商业银行逐步成为"看不见"和"无处不在"的银行。

智慧银行通过构建完整的客户信息数据库，实现客户关系管理的"全景视图"，对客户数据进行智能化加工分析，根据客户的风险承受能力提供合理的投融资建议，并在存续期内根据客户经营和消费情况的变化及时采取相应的措施和手段，从而有效控制风险。同时，智能化的操作还能有效避免人工操作失误的可能。

目前，国外商业银行已经开始积极运用各类智能技术开展创新，我国商业银行也在进行积极的尝试，一方面利用移动互联网技术开展支付结算工具创新，如二维码支付、云闪付等；另一方面利用大数据平台开发标准化产品，应对互联网金融的竞争，如小微企业贷款、"快贷"等。但智慧银行的发展不仅是技术的应用或者产品的研发，而是一项包括信息平台建设、业务流程优化、渠道资源整合、人才队伍培训等在内的复杂的系统化工程。

智能金融将会在提升金融业信息化水平、降低客户成本且提升安全便捷及促进商业生态开放等几个方面对金融行业产生影响。

首先，传统的金融服务需要人与人面对面的交流和沟通，但是通过使用智能移动终端等科技手段，能广泛提升服务的可触达率和覆盖率，实现智慧交互、智能感知。

智慧银行已经成为银行业发展的必然趋势，金融自助设备行业也进入加速"洗牌"阶段，具备先进理念、先发经验、自主研发能力的智慧银行综合解决方案的企业，正在逐步主导市场。

其次，降低客户成本且提升安全便捷。新技术的应用，既带来效率的大幅提升，也带来成本和费用的下降，能更好地解决信用融资中"信息不对称、风险管理难"的困局。未来，商业银行可以通过流程优化、技术更新、费用降低等方式降低成本，使客户获取价格合理的金融服务。

金融的核心是风险，商业银行必须不断提升风险管理的能力。只有在保证安全的前提下才可以谈体验和便捷。所以，商业银行应该探索运用基于大数据的实时智能风控系统给客户提供最安全的服务体验，最便捷的金融服务。

再次，技术驱动调整客户结构。未来，智能网点建设将是创造超预期客户体验的重要手段。智能网点通过建立在人工智能基础上的大数据分析，构建"360度"全视角客户画像信息，帮助银行完成从了解客户、理解客户、洞察客户，到最终"掌控"客户的过程，使随时、随地、随心的金融服务真正成为可能，实现网点由交易结算向销售服务转型。借助新技术手段，继续发展和挖掘新的数字渠道和新的移动应用，构建更多场景化服务形态，为客户提供场景化的在线服务。另外，以改善用户体验为核心，继续加强线上线下渠道融合，打造全方位的银行和银行外部生态体验渠道。

最后，促进商业生态开放。依托移动互联网、大数据技术等先进技术手段，充分利用平板电脑等智能终端设备，通过推动业务与信息科技的良性互动与深度融合，整合和再造客户关系管理、产品管理、渠道管理、条线管理和风险管理等方面的服务流程，契合未来银行客户的行为习惯、商业模式和服务需求。

2. 开放银行的定义

2019年，开放银行在国外迅速发展，但目前尚未有广泛认可的开放银行定义。

Gartner咨询公司指出开放银行是一种平台化商业理念，通过与商业生态系统共享数据、算法、交易、流程和其他业务功能，为商业生态系统的客户、员工、第三方开发者、金融科技公司、供应商和其他合作伙伴提供服务，使银行创造出新的价值，构建新的核心能力。

德勤咨询认为开放银行形容的是一种银行业生态系统从一个封闭的模式，到经客户授权可以在不同的成员间分享数据的转换。

麦肯锡则将开放银行定义为一种协作的商业模式，通过API在两个或者以上的附属关联公司直接分享银行数据，以增强市场的功能。

科技公司对开放银行的定义则更多的是从技术实现的角度进行阐述的。

神州信息认为开放银行可以理解为把银行网点开到互联网上去，在实现方式上是将银行的账户、支付、融资、投资理财、科技等能力进行重新封装，以API或SDK模式开放给生态合作伙伴，通过合作伙伴将银行的金融服务能力融入用户的生产生活场景之中。

同盾科技认为开放银行需要以客户为中心，通过API接口或者SDK等技术，实现银行和第三方质检的产品及资源的共享，开放银行将银行的业务融入更广泛的社会化产品之中，通过商业生态为客户提供各类金融服务，最终构建了一个"数字＋场景"的开放生态。

综合各方观点，开放银行其实是指商业银行在客户授权的情况下，通过API或者SDK等技术将自身的产品或者数据等信息与其他银行业金融机构、金融科技公司等合作伙伴进行共享，构造一个开放共享、共建共赢的生态圈，实现数据、功能和能力的同享，从而无限延伸银行服务的触点，形成即想即用的跨界金融服务，且结合双方优势资源，进行产品和服务创新迭代与价值链再造，从而塑造出一种全新的银行业务模式。

相较于传统银行数据私有、直面用户的服务模式，开放银行能够利用 API 平台与旅游、交通、电商等其他行业互联互通，通过与第三方合作机构共享数据、渗透融合实现业务情景化、服务精准化，创造更多机遇，提供更多选择，提升更优质量。

开放银行的核心本质是数据共享，是允许第三方合作机构通过 API 调用商业银行内部存有的用户数据。这种模式能够实现银行业务的跨平台移植，打破各银行以自身业务为中心、画地为牢的"数据孤岛"现象，与各行各业"撤掉城墙，架起桥梁"。

例如，新加坡星展银行通过 API 将余额查询、转账支付等金融功能嵌入麦当劳等商户的应用程序中，用户可直接在商户的程序中核查星展银行账户余额、完成在线支付，而无须前往星展银行的 APP 中进行操作；再如，财务管理工具可通过 API 对接各商业银行后台系统，调用用户在各银行使用信用卡的消费记录，从而向用户提供消费画像和财务分析。

开放银行的主要技术实现是 API 应用程序接口。API 可以将服务提供方的相关数据和服务进行模块化集成和封装，并允许第三方合作机构开发人员直接调用，高效、便捷地获取服务提供方的程序结果，而无须关注底层源代码和具体操作。

对于金融行业来说，API 不是新概念，其相关应用问世已有 10 多年之久。但之前金融业的绝大部分 API 都是仅供内部系统互相调用的，少数与外部机构进行合作的定制化 API 需要经过大量商务协商，逐一确定数据和服务开放范围。

而在开放银行环境下，商业银行提供开放的、标准化的 API，所有符合条件的合作机构都可以调用，而无须进行单独洽谈，大幅降低系统间建立接口的成本和时间，是实现组件化、高兼容、可移植、可扩展的开放型系统架构的利器，是实现行业间数据共享的主流技术手段。

开放银行带来的转变

开放银行是一场技术革新，促使商业银行的经营理念由网点经济、APP 经济向 API 经济迈进，它意味着银行不仅是一个营业场所，而是一种随时随地、无处不在的服务。传统的银行服务囿于"领地意识"，将用户吸引到其网点、APP 等"领地"提供封闭式的金融服务。然而，金融科技企业通过开放式平台在线上线下同时发力，对商业银行的市场份额、利润空间、经营理念造成了冲击。开放银行模式能够利用 API 敏捷嵌入合作方应用程序，推动传统的封闭式业务向场景化服务发展，促使 API+Bank 模式实现 1+1>2 的聚势效应，为商业银行追赶超越、弯道超车点燃新引擎。"中流击楫，不进则退。"商业银行只有提高认识、调整思路、升级理念、及时跟进，将开放银行视为金融革新的下一个"风口"，将 API 作为经营发展的战略性资产，将模块化、平台化、差异化的开放型服务能力作为获客导流的"护城河"，才能把握金融科技时代的发展脉搏，才能在激烈的市场竞争洪流中站住脚跟。

传统商业银行往往充当用户数据的"看门人"角色，将用户信用、交易记录等信息视为私有资产，仅在内部进行聚合分析。开放银行模式跨越了这种"数据藩篱"，通过搭建平台、开放 API 接口促进与产业合作方的数据共享，重构盈利模式，助力金融服务商业范式向更加开放、更加融合的方向加速演进。一方面，商业银行可让自身 API "走出去"，向合作方提供查询、支付、授信等传统金融服务，增加收入来源，培育互利生态。例如，西班牙 BBVA 银行在可零售商户应用程序付款页面中嵌入快速信贷功能，用户直接在商户页面点击按钮便能获得 BBVA 快速信贷并完成支付。另一方面，商业银行能将合作机构的 API "引进来"，通过调用合作机构 API，将其产品信息和服务功能整合到自己的产品中，深入挖掘用户潜在金融需求，提升产品竞争力，增加用户黏性。例如，商业银行可调用汽车厂商库存信息 API，在银行手机 APP 上实时更新某地汽车库存状态，并提供相应的分期贷款等金融服务。

开放银行产品通过与第三方的轻松集成，为开放型数字金融注入强劲动能，推动产业格局向包容开放、合作共赢的方向大步前行。一是通过共享，拓展业务布局。开放银行模式能够利用第三方合作伙伴关系拓展商业银行传统业务受理范围，增加用户基数，扩大服务半径，提升产业影响。例如在英国，爱尔兰银行向英国邮局开放部分金融服务 API 接口，使得 240 万用户能够在 11 500 家邮局网点享受抵押贷款、外汇兑换等金融服务。二是通过开放，优化竞合关系。在合作共赢理念的引导下，金融科技公司、商业银行、平台服务商等开放银行产业不断开辟多元合作渠道，探索新型数据融合商业范式。开放银行时代的竞争，不再是"你死我活"的"零和游戏"，而是通力配合的"正和博弈"。三是通过创新，催生全新业态。虽然开放银行只是处于发展初期，但未来的前景充满了无限可能。正如 Google 开放地图 API 接口催生出 Uber 等共享经济模式，开放银行也有很大可能将滋生出新型财富管理工具、API 集成商等新兴产业。

相比较于欧美等发达国家，我国开放银行只是刚刚起步。微众银行、兴业银行等商业银行已开始研发开放银行相关应用，并取得阶段性成果；随着浦发银行 2018 年 9 月正式推出 API Bank 无界开放银行，工商银行、建设银行、招商银行等金融机构都已明确释放了进军开放银行的信号，有学者认为 2018 年可被视为我国开放银行发展元年，在不远的未来，我国开放银行发展将迎来新高潮。

未来，随着金融科技产品和服务的标准化、智能化及更加开放，人们能够享受到更便捷的数字金融服务。

◉ •••• 第六章

AI 助力金融服务转型

  金融业被认为是人工智能落地最快的行业之一，智能金融也已经列入国家规划。2017 年 6 月，央行印发了《中国金融业信息技术"十三五"发展规划》，明确指出"十三五"时期金融业要全面支持深化改革。央行成立的金融科技（FinTech）委员会，将积极利用大数据、人工智能、云计算等技术丰富金融监管手段，提升跨行业、跨市场交叉性金融风险的甄别、防范和化解能力。

  2017 年 7 月 8 日，国务院印发《新一代人工智能发展规划》，明确指出推动人工智能与金融业融合创新，并在金融领域开展人工智能应用试点示范，推动人工智能规模化应用，全面提升金融业智能化水平。规划同时要求建立金融大数据系统，提升金融多媒体数据处理与理解能力。创新智能金融产品和服务，发展金融新业态。鼓励金融行业应用智能客服、智能监控等技术和装备。建立金融风险智能预警与防控系统。

  2019 年 9 月 6 日，央行发布《金融科技（FinTech）发展规划（2019—2021 年）》，规划指出金融科技的核心是利用现代科技成果优化或创新金融产品、经营模式和业务流程。借助机器学习、数据挖掘、智能合约等技术，简化供需双方交易环节，降低资金融通边际成本，开辟触达客户全新途径，推动金融机构在盈利模式、业务形态、资产负载、信贷关系、渠道拓展等方面持续优化，不断增强核心竞争力，为金融业转型升级赋能。

运用大数据、人工智能等技术建立金融风控模型，有效甄别高风险交易，智能感知异常交易，实现风险识别、早预警、早处置，提升金融风险技防能力。运用数字化监管协议、智能风控平台等监管科技手段，推动金融监管模式由事后监管向事前、事中监管转变，有效解决信息不对称问题，消除信息壁垒，缓解监管时滞，提升金融监管效率。

在这一宏观背景下，我国各类型的金融企业积极将人工智能技术与自身运营及业务活动结合，助力自身转型升级，主要体现在以下4个方面。

（1）进一步提升金融行业的数据处理能力与效率

随着金融行业的不断发展，沉淀了大量的金融数据，主要涉及金融交易、个人信息、市场行情、风险控制、投资理财等。这些数据容量巨大且类型丰富，占据宝贵的储存资源，而从业人员却无法对其进行有效分析以供决策。虽然大数据技术的出现对此有所改善，但在数据的有效处理与分析挖掘上仍面临较大挑战。

随着深度学习技术的不断推进，金融机构尝试将海量数据供机器进行学习，不断完善机器的认知能力，使之几乎达到与人类相媲美的水平，尤其在金融交易与风险管理这类对复杂数据的处理方面，人工智能有效利用大数据进行筛选分析，帮助金融机构更高效地决策分析，提升金融业务能力。

（2）推动金融服务模式趋向主动化、个性化、智能化

传统技术模式下，金融行业通过面对面交流的方式发掘客户需求。同时，受人力资源和数据处理能力影响，金融行业只面向少数高净值客户提供定制化服务，而对绝大多数普通客户仅提供一般化服务。随着人工智能的飞速发展，机器能够模拟人的认知与功能，使批量实现对客户的个性化和智能化服务成为可能，这将对目前金融行业沟通客户、挖掘客户金融需求的模式发生重大改变。

整体而言，人工智能技术将显著改变金融行业现有格局，在前台可以用于提升客户体验，使服务更加个性化；在中台辅助支持金融交易的分析与预测，

使决策更加智能化；在后台用于风险识别和防控保障，使管理更加稳定化。

(3) 提升金融风险控制效能

在传统模式下，金融机构难以查证客户提供信息的真实性，交易双方信息的不对称性，使得金融机构面临用户隐瞒甚至编造个人信息的业务风险。人工智能可从大量内部与外部数据中，获取关键信息进行挖掘分析，对客户群体进行筛选和欺诈风险鉴别，并将结果反馈给金融机构。此模式不仅能够降低交易双方存在的信息不对称性，有效降低业务风险，还能对市场趋势进行预测，为金融机构提供有效的风险预警，引导金融机构提前采取预防措施。

(4) 助推普惠金融服务发展

人工智能技术能够通过降低金融服务成本、提升金融服务效率和扩大金融服务范围，来推动普惠金融服务的快速发展。智能营销能帮助金融机构精准获客，减少营销成本；智能风控能在金融业务流程中提高风险识别、预警、防范及风险定价能力，降低风险甄别成本。智能金融业务模式让金融可以有效延伸与普惠到最需要的弱势人群，从而推动金融的普惠化。

⦿ ⋯ 第三篇 ⋯ ⦿

展望未来

第七章

智能金融时代变革与发展

大数据、云计算、区块链和人工智能等最新科技正在加速重构金融业态和格局,催生了一大批新产品、新业态和新模式,改变了传统金融组织形式。从前端的智能获客、智能客服,到融资授信、投资决策,再到后端的风险风控、智能监管,以人工智能为主的数字科技正在向金融领域加速渗透,金融的发展空间获得了空前提升,智能金融已经成为当前金融创新的最重要一股力量。

人工智能技术对传统金融的升级改造是当前及未来一段时间内金融发展和演变的一个关键性推动力量,引领着金融行业的未来发展方向。金融系统的智能化已经成为不可逆转的趋势,智能金融将成为未来金融行业的主要形态,促使金融行业在服务体系、利益分配格局、风险防控乃至整体形态上发生翻天覆地的变化,正在改变着金融行业的生态格局。

第一节 变革传统金融服务体系

智能金融是对金融系统的一次革命性改造,机器学习、自然语言处理、机器人技术、语音识别技术等人工智能技术的飞速发展正引领金融行业发生一场深度的、系统的转变。原有的金融服务体系将发生变革,进入从"人"服务到"机器"服务的新纪元。

在智能金融时代，人工智能将在某些领域彻底改变当前的金融服务形态，大量劳动力将从低技术含量的工作中解放出来，去从事更加具有价值的工作。而随着人工智能技术的进步和发展，人工智能将更加逼近人类的能力，越来越多的高复杂度的任务也将逐渐由算法和机器人完成。

人工智能所带来的不仅是对于人类劳动的替代，而且人工智能将突破人类思想和行动的局限，极大地改善当前金融服务的效率和形式，同时其具有的深度学习能力将能够自我完成金融服务体系的改进，并引领金融行业的进化。具体来说，智能金融将从以下几个方面对原有的金融服务体系带来变革。

首先，智能金融让金融服务更加智能化、个性化和定制化。传统金融服务的开展依赖于物理网点及人工服务，所提供的是面对面的服务模式，服务范围和内容受到很大限制。受数据处理、人工能力限制的影响，传统金融服务往往只能够将有限的资源投入到那些最具有价值的客户上，并只为他们提供个性化的精准服务，并不能顾及所有客户。

在互联网金融时代，互联网技术的广泛应用让金融服务的成本大幅降低，同时金融服务的范围得到极大的拓展，促进了普惠金融的发展。互联网金融的主要优势是依靠互联网强大的信息整合、处理和供求快速匹配的能力，这在拓展服务范围、提升服务效率上具有明显优势。但在向客户提供个性化、精准化的服务方面，互联网金融仍然有所欠缺，中低端客户大多仍然只能够享受到标准化的服务模式和内容。

人工智能的发展将打破这一限制，机器能够在很大程度上模拟人的功能，使为每个人提供高质量的个性化服务成为可能。金融是数据密集型行业，足够庞大的数据规模能够满足机器主动学习，模仿人类进行思考和进化，加强机器对于复杂事物和情形的感知和认识。

利用人工智能技术可以对数量庞大、结构各异的数据进行有效整合、处理和分析，并在此基础上进行预判、决策、行动。人工智能在复杂数据处理方面的能力将大大超过人工效率，能够大幅突破人力限制。

在风险防控方面，智能金融也较互联网金融有了很大进步。互联网对于金融的影响更多是金融交易效率的提升，而智能金融能够在很短时间内对个人、企业的过往历史数据进行分析判断，形成更为完整的用户画像，并根据精准的用户画像来提供个性化服务。

人工智能的快速发展将改变现有的金融服务格局，在需求发现、风险管理、投资决策等方面带来革命性影响，使得金融服务更加人性化和智能化。

其次，智能金融的发展带来越来越多的新模式、新业态、新产品。金融行业正在经历从"互联网+"向"人工智能+"全面升级转变的过程，金融的服务形态正在发生巨大的变化。随着语音图像识别、自然语言处理、计算机视觉与生物特征识别、机器学习和神经网络等一系列人工智能技术在金融领域的应用正处于兴起阶段，一些初级人工智能的应用也取得了较为成熟的成果。结合当前人工智能在金融领域的应用来看，已经产生了多个应用场景，包括基于语音识别与自然语言处理技术的智能客服、基于生物识别技术的智能监控、基于机器学习、神经网络与知识图谱的智能投顾等。通过技术的不断创新和进步，并结合用户应用场景的创新和挖掘，将智能金融应用到越来越广泛的场景中，拉近与生活的距离。

未来，随着人工智能与金融的深度融合，金融的整个产业链条将全面智能化。不仅如此，人工智能具有自我学习、自我进化的功能，可以从历史数据和经验中不断挖掘新的有用的信息，并发现独特的服务方式和模式，开创新的服务领域，并由此催生出越来越多的新模式、新业态。

最后，人工智能等技术的应用将有可能最终替代人力来提供金融服务。目前，人工智能的发展还处于弱人工智能向强人工智能的过渡阶段，通常只能够按照设定好的程序来从事一些辅助性的工作，或者处理一些相对简单和直接的任务，难以适应复杂场景的应用，更不能像人一样进行抽象思考。随着人工智能的进一步发展，相关技术将会越来越成熟，强人工智能甚至超人工智能的到来也不再是幻想。人工智能将会承担更多更加智能、更加复杂的工作，这一替代过程将从最低端的体力劳动开始，然后逐渐向越来越高端、专业化的脑力劳动演变。理论上，当人工智能进化到强人工智能乃至超强人工智能阶段，人的体力活动和脑力活动都可以被机器所模仿和复制，几乎所有的社会工作都可能被人工智能所替代，真正进入机器"统治"人的时期。对于纯数据领域的金融更是如此，互联网正在某些领域弱化传统金融中介地位和作用，人工智能则会进一步强化这一趋势。

人工智能具有更加快速的学习能力、更加严谨的逻辑推理能力、对复杂海量数据的处理能力及稳定持续的工作能力，这些优势让传统金融从业者在人工智能面前面临巨大的挑战。未来金融服务有可能完全被机器所承担，用户直接面对的可能是机器人而不是金融服务人员。

第二节　变革金融行业利益分配方式

人工智能对金融行业的深度改造将会让金融行业产生深刻的结构性变化，重塑金融行业的产业链和价值链，改变金融行业的市场关系和组织形态，进而对金融行业的利益分配方式带来深远影响。

人工智能发展的直接影响是社会劳动生产力结构发生转变，机器替代人将会比较普遍，劳动效率大幅提升。对于金融机构而言，人工智能的应用有助于消除金融系统的过度膨胀，降低管理成本，提升运营效率。例如，智能客服的普遍应用使得国内各大金融机构均拥有自身的智能客服机器人，并能够回答98%的客服问题，上百万的交互量仅需要数十人就能够承担，极大地降低了人工客服的劳动量，减少了对客服人员的需求。

智能金融的基础是大数据，因此拥有大量客户、掌握大量金融交易数据的大型金融机构在推动智能金融的发展上将处于优势地位。短期来看，领先的智能金融必然拥有充足的数据来源，海量的数据将会产生巨大的商业价值。中小金融机构虽然掌握了一定的数据，但不足以支撑人工智能发展，同时又缺乏必要的技术手段对数据进行整合利用。

在智能金融发展早期，几乎只有大型金融机构才拥有数据基础和技术优势来推动人工智能在金融业务中的实际应用，同时也使得大型金融机构在市场竞争中的优势地位进一步巩固。在人工智能进入强智能阶段后，对海量训练数据的大规模分析和充分挖掘，基于特定场景的智能应用成为主流。

未来各金融机构之间的信息孤岛将有望被打通，数据的合作开发和沟通将成为一种趋势。大型金融机构垄断金融市场的局面将会在很大程度上被人工智能技术打破，由垄断所获得的高额利润将被降低，促进整个金融行业从垄断向竞争转变。同时随着人工智能算法技术的突破，算法和承载机器人将会成为金融服务主导，掌握最新科技的公司和科学家将会在金融利益链条上占有很重要的地位，金融机构之间的利益分配格局将进行重构。

投资顾问收费较高、进入门槛高、服务流程复杂、顾问水平难以保证，无法针对大量用户提供个性化的投资顾问服务，因此一般只针对高收入人群。低收入人群缺乏财富增值渠道，在长期通货膨胀中，财富不断缩水。

人工智能的发展让机器取代人力去对市场行情进行分析并根据相应的理论和算法全自动发现合适的投资组合。智能投顾大幅降低投资顾问的成本，并且其专业性、可靠性并不低于传统投顾，可以大批量地向普通投资者提供优质的个性化服务，满足低收入人群的财富管理需求。智能金融的发展不仅增强了金融的普惠性，而且较低的成本能让所有人群都享受到同等体验的专业化服务，从而平衡了财富在投资者之间的分配。

智能金融的发展能够带来制造业向智能制造转变，促进实体经济向智能化、高端化发展，推进我国经济发展步入"脱虚向实"的新阶段。智能金融带来了在融资、投资管理、风险管理和客户服务等方面的一系列变革，以大数据、云计算、深度学习、语音图像识别等数据和技术创新为核心驱动力，提升了金融对实体经济的服务能力。

利用大数据分析技术，通过多维数据、模型分析，降低信息不对称程度，降低金融机构运营和管理成本，实现精准营销，解决社会资金结构性失衡问题。

传统金融与人工智能的结合，促进了融资渠道多样性，释放了中小微企业融资需求，有助于解决目前银行贷款中存在的融资成本高、规模限制等问题，引导资金逐步向实体经济回流。长期来看，智能金融将有助于解决实体经济发展过程中的周期性困境，增强传统金融对实体经济的服务能力，助力实体经济改革创新及转型升级，改变金融产业资本在收入分配中的不合理地位，真正实现金融服务与实体经济的天职和宗旨。

第三节　从场景金融向生态金融升级

数字科技全面应用于金融服务业，给金融机构业务流程、产品设计与生产及运营管理等各方面都带来巨大的冲击。在传统服务模式中，产品设计、生产、分管、配置及销售等环节完全在金融机构内部完成，而随着数字科技的演进，逐步将这个内生环节外生化、社会化、商品化、产业链化。这意味着将金融产品设计、生产、控制、配置和销售变成了一个产业链、市场化过程。从而大大降低了外部竞争者进入金融领域的机会，提供标准化金融产品和服务的门槛，给金融机构带来巨大的冲击。

在此背景下，传统金融机构与金融科技公司联合发展，金融科技企业通过向金融机构或者金融服务环节提供细分领域的专业化服务加入金融供应链，使得金融产业成本商品化、利润共享化、风险共担化和合作伙伴化。金融与科技融合发展促使双方从各自封闭的体系中走向更加开放融合的生态体系。

回顾金融科技的发展历程，我们可以将金融科技大致分为标准化介入、场景化定制和生态化布局等几个阶段。在金融科技发展早期，金融科技发展更像是1+1模式，数字科技提供标准化的产品或技术与金融细分行业的具体场景结合，虽然提升了用户使用的便捷度，但并没有从根源上改变产品架构和用户体验，更像是产品搭售。

随着金融科技产品设计、产品运营等各方面能力的提升,金融科技公司们开始更深地介入到产业链当中,从场景搭建到形成生态。事实上,包括蚂蚁金服、京东数科、平安集团、众安保险等金融科技领域的领军企业都已经在强调生态金融的概念。

第四节 智能金融是金融演化的一个高级阶段

纵观金融的发展历史,过去几千年中金融对于人类生活的影响不可忽视,现代金融的诞生让金融真正成为现代社会资源配置最广泛的手段。传统金融在极大地促进市场经济发展的同时,也带来了一些灾难性的事件。这主要源于传统金融逐利的本性,同时也是传统金融存在的条件和发展动力。

互联网金融的出现是对传统金融的一次升级改造,金融首次摆脱了"嫌贫爱富"的属性,进入更加普惠化、大众化的发展阶段。人工智能等最新科技在金融领域的深度应用进一步推动着金融向更加智能化、个性化和精确化方向不断演进,智能金融的诞生正对原有金融体系带来革命性的变化,智能投顾、智能客服、智能获客等一批新的金融服务模式不断涌现,在提高服务效率的同时也提供了金融风险防范的众多手段。未来,随着科技与金融的不断融合发展,金融将逐渐回归其本质属性,最大程度地发挥其配置资源的核心功能,金融也终将进入物尽其用、按需分配的自由时代。

传统金融更加重视对金融资源的所有权,实际上是一个较为封闭的金融环境。特别是对于我国这样的发展中国家而言,金融服务供给存在严重的不平衡性,大型企业、国有企业、高收入人群等群体的金融供给过剩,而中小微企业、低收入人群等金融服务需求较为迫切的群体的金融供给不足。究其缘由,一方面,中小微企业、低收入人群等弱势群体相对而言风险较高,加之金融机构的供给手段单一、信贷配置效率低、服务成本高,导致传统金融机构对弱势群体的金融供给意愿低；另一方面，传统金融在机制上存在缺陷，如要实现服务范围的全覆盖则需要在基础设施和人员配置上投入大量成本，以至于无法处理高度碎片化的客户群体，因而难以真正建立起面向每个人的有针对性的金融服务。传统金融无法解决其中矛盾，结果就是财富越来越集中，收入分配差距越来越大，这一重大缺陷引发了关于普惠金融的需求讨论。

互联网技术所具备的信息及时发布与匹配，强大的信息整合能力及信息传播的低成本特性，在信息不对称问题上提供了根本性的解决方案，很好地弥补了传统金融在普惠金融上的缺陷，进而对传统金融中介存在的合理性和必要性提出挑战。在互联网技术和精神的推动下，一个能够颠覆所有金融服务需求对象、惠及人人的金融服务框架第一次出现了由理想变为现实的可能。互联网金融所具有的方便、快捷、低成本、去中心化等特点提高了资源配置效率，扩大了金融服务的范围，灵活地解决了特殊金融需求和供给的匹配问题，使金融资源配置更加精确化、个性化。通过互联网技术手段，大量碎片化的资源和市场被有效整合，原本低价值的长尾客户反而成为互联网金融竞相争夺的对象。通过互联网强大的信息汇集和整合能力，每一个特殊的金融服务需求方都有可能以适当的价格寻找到合适的供给方，弱势群体和容易被传统金融所忽视的对象都被纳入金融服务范围。可以说，互联网金融是普惠金融的践行者，而普惠金融的现实需求正是互联网金融发展的外在动力。

第八章

智能金融面临的挑战

金融的网络化、智能化已成为不可阻挡的趋势。人工智能对金融的影响是颠覆性的，进入智能金融时代，金融行业将面临比以往任何时候都要更加彻底的变革。近年来，大量资本涌入智能金融领域，各大金融机构和互联网公司也都在加紧布局智能金融，智能金融的发展呈现出一片欣欣向荣的景象。但是，作为刚刚兴起的金融新业态，智能金融要想真正从萌芽期步入成熟期，离不开相关软硬件的基础设施及配套服务作为支撑，当前仍有一些制约因素是智能金融发展的绊脚石。

1. 高端复合型人才不足

智能金融是最新科技成果在金融领域的应用，科技作为第一生产力的作用越发凸显，而人才是科技创新活动的承担着，对于智能金融的发展至关重要。作为典型的技术驱动型行业，智能金融人才具有多层次、多维度、跨学科的特征。在互联网金融时代，互联网的普及及相关软硬件配套是制约其发展的主要因素，一旦网络普及度达到一定水平，互联网金融的爆发就是顺理成章的事情。智能金融是一个高度技术性的新型金融，其核心技术人工智能是一门极富挑战性的前沿科技，被认为是21世纪三大尖端技术之一，因此必须要高端专业化的人才去从事相关工作。

首先，智能金融是一种新形式的金融创新，仍然具有金融的基本属性，但通过科技的加持，智能金融已经逐渐演变为一个庞大而复杂的系统工程，如何做到服务于实体经济、加强风险防范，都需要对金融理论和实践熟练的金融人才。其次，人工智能是智能金融的核心技术，发展智能金融除了需要顶尖的金融人才外，还需要算法工程师、硬件工程师、语言处理专家、AI 软件工程师、AI 评测与研究工程师等人工智能相关领域的技术型人才。人工智能是一门交叉性强的学科。高层次的人工智能研发人员通常具有多种专业学科背景，不仅需要掌握计算机科学、数学、逻辑学、统计学等理工学科，而且要精通语言学、心理学、哲学甚至经济学等人文学科。

另外，智能金融具有综合性强、涉及面广的特征，普通专业人才不足以胜任相关职位。随着前沿科技的不断发展及金融理论和实践的不断深化，科技与金融相融合的程度越来越深，因此需要既懂科技又懂金融的复合型人才。高水平、高层次的智能金融人才门槛较之一般行业条件更加苛刻，必须是某种程度上的全才。传统的教育和培训则很难适应这样的市场需求，而且高校中也很少针对智能金融开设相关学科体系。这两门学科范式相差很大，对于该领域人才的培养也需要引入系统、专业的教育模式，有必要对当前的教育体系进行改革。

人工智能从幻想到技术突破也才刚刚实现，相关技术水平还基本处于弱人工智能阶段，针对人工智能技术的人才培训也没有系统展开，导致人工智能相关人才积累远远不足。根据领英发布的《全球 AI 领域人才报告》，截至 2017 年一季度，基于领英平台的全球 AI 领域技术人才数量超过 190 万人，其中美国相关人才总数超过 85 万人，高居榜首，而中国的相关人才总数也超过 5 万人，位居全球第七。据统计，通过领英平台发布的 AI 职位数量从 2014 年的 5 万个飙升至 2016 年的 44 万个，增长近 9 倍。具体到细分领域，当前对 AI 基础层人才的需求最为旺盛，尤其是算法、机器学习、GPU、智能芯片等方面，相对于技术层和应用层呈现出更为显著的人才缺口。

目前，智能金融领域的人才缺口不断扩大，高端人才更是难求，成为智能金融发展的主要制约因素。近年来，智能金融的新业态、新技术爆发式增长，各大金融机构和科技型企业均在智能金融领域投入巨大，智能金融的快速增长激发了相关领域的人才需求，相关行业的人才吸引量一直居高不下，人才一直呈现出净流入的状态。各个金融机构对于高素质的智能金融人才都是求贤若渴，严重的供需不平衡使智能金融人才的薪资水平居高不下，相关岗位的薪资水平、就业满意度都优于全国平均水平。对我国而言，智能金融人才巨大的供求缺口也反映出我国金融科技人才培养方式的不足，这将在相当一段时间内制约我国智能金融的发展。

2. 产业规范与技术标准亟待完善

在智能金融的两个元素中，科技发展占据主导地位，是驱动智能金融发展的主要因素。在互联网与金融融合的过程中，互联网技术的发展同样是决定互联网金融发展速度的主要因素。互联网金融的最初形态是商业银行利用互联网技术对原有服务形式的替代和升级，也就是所谓的金融互联网，而真正意义上的互联网金融开始出现则是从互联网企业进入金融领域，通过互联网提供金融服务。其原因就在于互联网金融的发展始终受互联网普及程度和互联网技术进步速度的制约，这也不难解释为何互联网金融的雏形早在20年前就已出现，但直至近几年才在我国出现爆发式增长的趋势。

同样，从互联网金融时代进入智能金融时代，技术在背后也扮演了关键性的角色。正是过去几年人工智能技术的突飞猛进，才使得智能金融成为可能，并由此开启智能金融发展的新纪元。未来，智能金融的发展同样受到智能技术的制约，如果人工智能等技术能够不断取得突破，那么科技在金融领域的应用速度也会加快；而如果科技进步停滞，那么智能金融的发展就会遇到"瓶颈"。

当前，尽管人工智能及大数据、云计算等科技进步较快，相关应用也取得了可观的进展，对金融的发展起到了很大的推动作用，但智能金融的发展仍然受到技术条件的制约，很多概念和设想并没有真正地实现。从实际应用能力来看，金融科技各类技术应用程度参差不齐，面对金融行业个性化需求的相关技术开放设计仍有待加强。云计算和大数据的技术成熟度较高，但在应用方面系统云化集中面临的传统信息系统改造升级的压力较大，大数据平台的构建在系统稳定性和实际使用效益方面均面临挑战，人工智能和区块链仍处于技术演进发展阶段，金融行业应用价值还有待进一步发掘。同时，金融科技应用对于金融机构原有业务模式和运营机制有着明显的冲击，如何克服原有体制机制制约，制定符合自身实际的金融科技发展战略，为金融科技应用创新创造良好环境也是金融机构所面临的重要挑战。

总体来看，金融行业的智能化还处于起步阶段，许多智能金融的创新还处于概念性阶段，一些智能金融的应用还达不到智能化水平。而机器人、语言识别、图像识别、自然语言处理、深度学习等人工智能技术虽然获得了一定的进展，具备一定的实际应用能力，但距离真正的智能应用还需要很大提升。在智能金融发展如火如荼的背景下，市场上的智能金融化应用良莠不齐，一些科技公司和金融机构炒作智能金融的概念，并不具备真正的智能技术。在一些智能金融的应用和业态尚不成熟或者还处于概念阶段的时候，许多公司就以此为噱头开始吸引客户，实际上仍然是以传统服务为主。

此外，金融科技产业兼具金融属性和科技属性，金融行业的高度复杂性、敏感性与科技领域的快速创新性、灵活性叠加，对金融科技产业发展的规范性和标准化有着更为突出的要求。从目前已有的发展实践来看，若产业规范与技术标准不能及时建立，金融科技应用发展的风险会不断外溢，进而影响科技应用本身的正面效应。当前，从技术层面针对云计算、大数据、人工智能和区块链等新兴领域的相关标准制定方面已经具备一定的积累，亟须结合金融业务服务场景，从金融科技产业发展实践和应用需求出发，制定明确的业务规范和技术标准，为金融科技技术应用与产业发展指明方向，划定边界。

3. 金融监管面临新的挑战

金融科技在带来金融服务创新模式的同时，也对金融行业监管带来了新的挑战。

金融科技具有跨市场、跨行业的特性，而且带来了金融服务市场主体的不断多元化，传统的以"栅栏方式简单隔离商业银行与网络借贷之间的风险传播途径"，面临巨大挑战。

由于金融科技具有去中心化的发展趋势，金融风险也呈现分散化和蜂窝式分布，目前采取的对现有金融机构自上而下的监管途径，也面临着新的挑战。

金融科技的发展使金融交易规模和交易频率呈几何级数增长，金融监管面临的数据规模性、业务复杂性、风险多样性持续上升，面对日益纷繁复杂的金融交易行为，金融监管面临巨大挑战。

4. 金融科技加深金融信息安全风险

金融科技的广泛应用在进一步提升金融服务数字化水平的同时，也给金融信息安全带来了更加严峻的管控风险。

金融科技带来金融服务全流程的数据化，尤其是大量非传统金融企业成为金融服务市场主体，金融信息数据适用范围扩大、渠道增加，客观上增加了信息泄露的风险。

金融科技应用侧重于获取效益和提升价值，能够被大范围采用和开发，而安全保护属于成本性投入，难以带来明显的经济效益，造成当前金融科技业务发展能力与安全防控能力的显著失衡，也间接给危害金融信息安全的违法行为提供了可乘之机。

参考文献

[1] CAPGEMINI.Worldfintech report 2018[R/OL].（2018-10-23）[2019-05-15]. https：//www.baidu.com/link?url=729076Buj4SBt7iv62EQF3SQ0Vwf0gczdk2b31Aj6Pp_axWQKiCQcotnlv5jOc67&wd=&eqid=af621dc80005d7a5000000035f34e2cd.

[2] KPMG International.2018 FINTECH 100[R/OL].（2018-10-23）[2019-05-15]. https：//h2.vc/f100/#page_holder.

[3] 埃森哲. 与AI共进 智胜未来: 智能金融联合报告[R/OL].(2018-02-02)[2019-08-15]. http://www.199it.com/archives/685480.html.

[4] 毕马威中国. 中国领先金融科技50企业报告（第三届）[R/OL].（2019-01-21）[2019-06-15].https://www.useit.com.cn/thread-22145-1-1.html.

[5] 边卫红,单文. Fintech发展与"监管沙箱": 基于主要国家的比较分析[J]. 金融监管研究,2017,7：85-98.

[6] 交子金融梦工场与成都特许金融分析师协会.2018亚太金融科技概览[R/OL].（2018-11-03）[2019-06-25].http://www.doc88.com/p-28647332832733.html.

[7] 李乔,郑啸. 云计算研究现状综述[J]. 计算机科学,2011,4：38-43.

[8] 李文红,蒋则沈. 金融科技(FinTech)发展与监管: 一个监管者的视角[J]. 金融监管研究,2017,3：1-13.

[9] 廖建新. 大数据技术的应用现状与展望[J]. 电信科学, 2015（7）: 7-18.

[10] 马骏. 英国在监管科技领域的探索及对中国的启示[EB/OL]. (2019-05-05)[2019-10-22]. https://new.qq.com/omn/20190618/20190618A0O614.html.

[11] 普华永道. 2018中国金融科技调查报告[R/OL]. (2018-09-03)[2019-09-05]. https://www.pwccn.com/zh/consulting/publications/2018-china-fintech-survey.pdf.

[12] 钱志鸿, 王义君. 物联网技术与应用研究[J]. 电子学报, 2012, 40（5）: 1023-1029.

[13] 乔海曙, 王鹏, 谢姗珊. 金融智能化发展: 动因、挑战与对策[J]. 南方金融, 2017, 6: 3-9.

[14] 邵奇峰, 金澈清, 张召, 等. 区块链技术: 架构及进展[J]. 计算机学报, 2018, 41（5）: 969-988.

[15] 姚前. 法定数字货币的经济效应分析: 理论与实证[J]. 国际金融研究, 2019, 1: 16-27.

[16] 亿欧智库. 2019年中国人工智能商业落地研究报告[R/OL]. (2019-08-30)[2019-10-20]. https://www.iyiou.com/intelligence/report651.html.

[17] 亿欧智库. 携手金融科技, 建设智慧银行: 金融科技公司服务银行业研究报告[R/OL]. (2018-09-06)[2019-08-20]. https://www.iyiou.com/intelligence/report576.html.

[18] 易宪容, 陈颖颖, 周俊杰. 开放银行: 理论实质及其颠覆性影响[J]. 江海学刊, 2019, 2: 121-128, 289.

[19] 张璐. 云计算与大数据技术对金融产业的变革探索[J]. 现代营销（学苑版）, 2019, 5: 40-41.

[20] 张家林. 监管科技（RegTech）发展及应用研究: 以智能投顾监管为例[J]. 金融监管研究, 2018, 78（6）: 80-97.

[21] 张景智. "监管沙盒"的国际模式和中国内地的发展路径[J]. 金融监管研究, 2017, 5: 22-35.

[22] 中关村互联网金融研究院. 中国金融科技与数字普惠金融发展报告（2018）[R/OL]. (2019-01-03)[2019-07-20]. http://www.czifi.org/html/2019/01/5006.html.

[23] 中国信通院.云计算发展白皮书（2019）[R/OL].（2019-07-04）[2019-10-08]. http：//www.199it.com/archives/901658.html.

[24] 中国信息通信研究院.金融行业云计算技术调查报告（2018年）[R/OL].（2018-08-28） [2019-10-19].http：//www.199it.com/archives/704469.html.

[25] 中国信息通信研究院.物联网白皮书（2018）[R/OL].（2018-12-17）[2019-10-08]. http：//www.199it.com/archives/808073.html.

[26] 中国信息通信研究院.中国金融科技生态白皮书（2019）[R/OL].（2019-07-10）[2019-09-25].http：//www.caict.ac.cn/kxyj/qwfb/bps/201907/t20190710_202782.htm.

[27] 中国信息通信研究院.中国数字经济发展白皮书（2017年）[R/OL].（2017-07-13） [2019-10-09].http：//www.cac.gov.cn/2017-07/13/c_1121534346.htm.